古典文獻研究輯刊

三八編

潘美月・杜潔祥 主編

第33冊

《說文解字》今注（第八冊）

牛尚鵬 著

國家圖書館出版品預行編目資料

《說文解字》今注（第八冊）／牛尚鵬 著 -- 初版 -- 新北市：
花木蘭文化事業有限公司，2024〔民 113〕
目 2+186 面；19×26 公分
（古典文獻研究輯刊 三八編；第 33 冊）
ISBN 978-626-344-736-3（精裝）
1.CST：說文解字 2.CST：注釋
011.08 112022600

ISBN-978-626-344-736-3
9 786263 447363

古典文獻研究輯刊
三八編 第三三冊 ISBN：978-626-344-736-3

《說文解字》今注
（第八冊）

作　　者 牛尚鵬
主　　編 潘美月、杜潔祥
總 編 輯 杜潔祥
副總編輯 楊嘉樂
編輯主任 許郁翎
編　　輯 潘玟靜、蔡正宣 美術編輯 陳逸婷
出　　版 花木蘭文化事業有限公司
發 行 人 高小娟
聯絡地址 235 新北市中和區中安街七二號十三樓
電話：02-2923-1455／傳真：02-2923-1400
網　　址 http://www.huamulan.tw 信箱 service@huamulans.com
印　　刷 普羅文化出版廣告事業
初　　版 2024 年 3 月
定　　價 三八編 60 冊（精裝）新台幣 156,000 元

《說文解字》今注
（第八冊）

牛尚鵬 著

目次

第八冊

卷十二上

三十六部　七百七十九文　重八十四　凡九千二百三字　文三十新附

乙部

乙 yà（鳦）　玄鳥也。齊魯謂之乙，取其鳴自呼。象形。凡乙之屬皆从乙。〔徐鍇曰：此與甲乙之乙相類，其形舉首下曲，與甲乙字少異。〕〔烏轄切〕 乙，或从鳥。

【注釋】

見上「燕」字注。此字隸變作乙，與甲乙字無別。見後「乙」字注。

段注：「《山海經》說鳥獸多云其名自號，燕之鳴如云乙，燕、乙雙聲。《莊子》謂之鷾鴯，鷾亦雙聲也。既得其聲而象其形，則為乙。本與甲乙字異，俗人恐與甲乙亂，加鳥旁為鳦，則贅矣。」

孔 kǒng　通也[1]。从乙，从子。乙，請子之候鳥也。乙至而得子，嘉美之也。古人名嘉，字子孔[2]。〔康董切〕

【注釋】

[1] 甲骨文作、。林義光《文源》：「本義是乳穴，象小孩就乳之形，以明乳有孔。」

郭沫若《金文從考》：「金文乃指示小兒頭角上有孔也，故孔之本義當為囟，囟則象形文，孔則指事字，引申之凡空皆曰孔，有孔皆可通，故有通義。」

[2] 孔有好義，嘉亦有好義，故古人名嘉，字子孔，孔子之六世祖孔父嘉，名嘉，

字孔父。孔子，子姓，孔氏，即以其祖先之字為氏。孔常用義是很也、甚也，《詩經》:「其新孔嘉，其舊如之何？」今有「需款孔急」。又通也，今有「交通孔道」,「孔道」謂通道也。

段注:「孔訓通，故俗作空穴字多作孔。其實空者，竅也，作孔為叚借。凡言孔者，皆所以嘉美之。毛傳曰：孔，甚也。是其義。甚者，尤安樂也。

古人名嘉字子孔，此又以古人名字相應說孔訓嘉美之證。見於《左傳》者，楚成嘉字子孔，鄭公子嘉字子孔。《春秋經》宋孔父，《左傳》云：孔父嘉。何休云:《經》稱字。按孔父，字孔，故後以為氏。」

乳  rǔ　人及鳥生子曰乳，獸曰產。从孚，从乙。乙者，玄鳥也。《明堂月令》:「玄鳥至之日，祠於高禖，以請子。」故乳从乙。請子必以乙至之日者，乙春分來，秋分去，開生之候鳥，帝少昊司分之官也。〔而主切〕

【注釋】

本義是生子，今有「孳乳」。「乳子」謂產子，分娩也。《呂氏春秋·音初》:「主人方乳。」《蘇武牧羊》:「使牧羝，羝乳乃得歸。」又指剛出生的，今有「乳虎」「乳燕」「乳鴨」。

文三　重一

不部

不  bù　鳥飛上翔不下來也。从一，一猶天也。象形。凡不之屬皆从不。〔方久切〕

【注釋】

甲文作，王國維《觀堂集林》:「不者，柎也。」

高鴻縉《中國字例》:「羅振玉云:『象花不形，花不為不之本義。』不，原義為萼足，象形字，借為否定副詞，另造柎字以還其原。」《詩經》:「常棣之華，鄂不韡韡。」鄂不者，萼柎也，萼是花朵下的葉片，柎是花朵下的花托，其形確類甲骨文不，王、羅之說可從。

「不」小篆字形是指事字，「至」字同此。指事字、象形字不一定為名詞，動詞、形容詞皆可。參李運富先生說。

段注：「凡云不然者，皆於此義引申叚借，與弗字音義皆殊。音之殊，則弗在十五部也。義之殊，則不輕弗重，如『嘉肴，弗食，不知其旨』『至道，弗學，不知其善』之類可見。《公羊傳》曰：弗者，不之深也。俗韻書謂不同弗，非是。又《詩》：鄂不韡韡。箋云：不當作柎。柎，鄂足也。古聲不、柎同。」

否fǒu　不也。从口，从不，不亦聲。〔徐鍇曰：不可之意見於言，故从口。〕〔方九切〕

【注釋】

本義是表否定。

常用義是閉塞不通，《周易》有否、泰二卦，否指天地不相交、不通順；天地相交、通順謂之泰，後來把運氣的好壞稱之為「否泰」。「否」產生出邪惡、不好義，如「善否陳前，無有隱情」。又有貶斥、貶低義，今有「口不臧否人物」。

文二

至部

至zhì　鳥飛从高下至地也。从一，一猶地也。象形。不，上去。而至，下來也。凡至之屬皆从至。〔脂利切〕古文至。

【注釋】

甲骨文作，羅振玉《增訂殷虛書契考釋》：「象矢遠來降至地之形。」見「不」字注。

段注：「凡云來至者，皆於此義引申叚借。引申之為懇至，為極至。許云：到，至也。臻，至也。假，至也。此本義之引申也。又云：親，至也。竊，至也。此餘義之引申也。」

到dào　至也。从至，刀聲。〔都悼切〕

【注釋】

本義是到，引申為周到、周全義，如「有不到的地方請原諒」。

臻zhēn　至也。从至，秦聲。〔側詵切〕

【注釋】

《爾雅》:「臻，至也。」今有「日臻完善」。聶榮臻元帥，榮臻者，榮到也。

臸 chì　忿戾也。从至，至而復遜。遜，遁也。《周書》曰：有夏氏之民叨臸。臸，讀若摯。〔丑利切〕

臺 tái（台）　觀，四方而高者。从至，从之，从高省。與室、屋同意。〔徒哀切〕

【注釋】

連篆為讀。今簡化作台。本義是高臺。台、臺古有別，今簡化歸併為一。見前「台」字注。朱駿聲《定聲》:「積土四方高丈曰臺；不方者曰觀、曰闕，臺上有屋曰榭。」

段注：「觀，觀也。於上觀望也。觀不必四方，其四方獨出而高者，則謂之臺。《大雅》：經始靈臺。《釋宮》、毛傳曰：四方而高曰臺。傳意高而不四方者則謂之觀，謂之闕也。《釋名》:『臺，持也。築土堅高能自勝持也。』古臺讀同持，心曰靈臺，謂能持物。臺上有屋謂之謝，然則無屋者謂之臺，築高而已。」

臸 rì　到也。从二至。〔人質切〕

【注釋】

晉從此。《說文》:「䢅，近也。」段注：「《辵部》曰：䢅，近也。从臸聲，然則二至當重不當並。」

文六　重一

西部

西 xī（棲）　鳥在巢上。象形。日在西方而鳥棲，故因以為東西之西。凡西之屬皆从西。〔先稽切〕 西，或从木、妻。 古文西。 籀文西。

【注釋】

甲骨文作，象鳥巢形。棲、西本一字之異體，後分別異用。

段注：「叚借者，本無其字，依聲託事。古本無東西之西，寄託於鳥在巢上之西字為之，凡許言以為者類此。韋本訓相背，而以為皮韋。烏本訓孝烏，而以為烏呼。來本訓瑞麥，而以為行來。朋本古文鳳，而以為朋攩。子本訓十一月昜氣動萬物滋，而以為人稱。後人習焉不察，用其借義而廢其本義，乃不知西之本訓鳥在巢，韋之本訓相背，朋之本訓為鳳，逐末忘本，大都類是。微許君言之，烏能知之。」

䙺 xī　　**姓也。从西，圭聲。〔戶圭切〕**

文二 重三

鹵部

鹵 lǔ（卤）　　**西方鹹地也。从西省，象鹽形。安定有鹵縣，東方謂之㡿，西方謂之鹵。凡鹵之屬皆从鹵。〔郎古切〕**

【注釋】

金文作，象鹽罐（或鹽池）中有鹽形。

卤乃省旁俗字也。本義是鹽鹼地、鹽池。常用有大盾牌義，通「櫓」，《廣雅》：「鹵，盾也。」《戰國策》：「流血漂鹵。」又愚笨義，通「魯」，今有「頑鹵」。又有掠奪義，今有「鹵掠」。

段注：「凡既从某而又像其形，謂之合體之象形，多不成字。其成字者，則會意也。轉寫者以其不成字而刪之，致文理不可讀。大史公曰：山東食海鹽，山西食鹽鹵。鹹地僅產鹽，引申之，《春秋經》大原亦曰大鹵。《釋名》：地不生物曰鹵。」

䣜 cuó　　**鹹也。从鹵，差省聲。河內謂之䣜，沛人言若虘。〔昨河切〕**

鹹 xián（咸）　　**銜也，北方味也。从鹵，咸聲。〔胡毚切〕**

【注釋】

銜者，聲訓也。

東、南、中、西、北，分別對應酸、苦、甘、辛、鹹。古者咸、鹹有別，咸者，全也。鹹者，鹽味也。簡化漢字歸併為一。「鹵」字段注「鹹地僅產鹽」，則咸、鹹似有引申關係。

文三

鹽部

鹽 yán（盐）　鹹也。从鹵，監聲。古者，宿沙初作煮海鹽。凡鹽之屬皆从鹽。〔余廉切〕

【注釋】

盐乃草書楷化字形，參「師」之草書字形。段注：「鹵也。天生曰鹵，人生曰鹽。」

鹽 gǔ　河東鹽池。袤五十一里，廣七里，周百十六里。从鹽省，古聲。〔公戶切〕

【注釋】

本義是鹽池，代指鹽，特指沒有經過熬製的鹽。「鬻鹽」即賣鹽也。常用義有不堅固、粗劣，常寫作「苦」，如「鹽窳」「鹽惡」。又有休息、止息義，《詩經》：「王事靡鹽。」又有吸、飲義，如「鹽飲」。

段注：「鹽者，鹽池。然則鹽池古者謂之鹽，亦曰鹽田。《周禮》因以為鹽不湅治之稱。又引申之，《詩》以為不堅固之稱。《周禮》：苦良。苦讀為鹽，謂物之不佳者也。」

鹼 jiǎn（硷、碱）　鹵也。从鹽省，僉聲。〔魚欠切〕

【注釋】

今作硷，同「碱」。

文三

戶部

戶 hù　護也，半門曰戶。象形。凡戶之屬皆从戶。〔侯古切〕古文戶，从木。

【注釋】

護，聲訓也。

從字形角度看，單扇門為戶，雙扇門為門，實則未必。門和戶是不同地方的東西，作用也不相同。大門謂之門，即庭院的大門，《說文》：「門，聞也。」大門是起到傳達的作用，門外的人要進來，需要先通報，讓主人知道。講究的家庭，門內有二門，古代貴族小姐「大門不出，二門不邁」，即指此。戶是堂和室之間的門，室內是主人居住之所，戶起到禦寒和保護主人隱私的作用，故云「護也」。

戶引申出阻止義，《小爾雅》：「戶，止也。」《左轉》：「屈蕩戶之。」戶有酒量義，白居易詩：「戶大嫌甜酒，才高笑小詩。」

扉 扉 fēi　　戶扇也。从戶，非聲。〔甫微切〕

【注釋】

本義是門扇。詩有「小扣柴扉久不開」，今有「心扉」，謂心靈之門也。今書刊封面內，印著書名、著者等項的一頁謂之「扉頁」，猶書刊之門也。

扇 扇 shàn　　扉也。从戶，从翅聲。〔式戰切〕

【注釋】

本義是門扇。

引申為扇子，引申有吹義，如「四時代謝，八風遞扇」。又有扇動義，《晉書》：「奸諂頗相扇構。」又熾盛義，《漢書》：「閻妻驕扇。」《詩經》：「豔妻扇方處。」

段注：「《月令》：乃修闔扇。注云：用木曰闔，用竹葦曰扇。案析言如此，渾言之則不拘。」

房 房 fáng　　室在旁也。从戶，方聲。〔符方切〕

【注釋】

本義是室兩側的房間。乃小老婆所居，故叫偏房、二房。室是大老婆所居，故叫妻室。

段注：「凡堂之內，中為正室，左右為房，所謂東房西房也。引申之俎亦有房。焦氏循曰：房必有戶以達於堂，又必有戶以達於東夾西夾，又必有戶以達於北堂。」

戾 戾 tì　　輜車旁推戶也。从戶，大聲。讀與釱同。〔徒蓋切〕

戹 è　　隘也。从戶，乙聲。〔於革切〕

【注釋】

此「戹難」之本字也。《說文》:「戹，科戹，木節也。」非本字明矣。見「戹」字注。

肁 zhào　　始開也。从戶，从聿。〔臣鉉等曰：聿者，始也。〕〔治矯切〕

【注釋】

此「肇事」「肇始」之本字也。《說文》:「肈，擊也。」肈俗字作肇，本義是打擊，非本字明矣。

段注：「引申為凡始之稱，凡經傳言肈始者，皆肁之假借，肈行而肁廢矣。《釋詁》、毛詩傳皆曰：肈，始也。」

扆 yǐ　　戶牖之閒謂之扆。从戶，衣聲。〔於豈切〕

【注釋】

堂室之間有堵牆隔開，牆東邊有戶，西邊有牖，戶牖之間的地方叫扆，乃國君背靠著聽政之地，後「負扆」就作為臨朝的代稱。設在扆處的屏風亦謂之扆。明朝藏書家毛晉的兒子叫毛扆，字斧季，亦藏書家。

段注：「《釋宮》曰：牖戶之間謂之扆。凡室，戶東牖西，戶牖之中間是曰扆。《詩》《禮》多叚『依』為之。」

⿸戶去 qù　　閉也。从戶，劫省聲。〔口盍切〕

扃 jiōng　　外閉之關也。从戶，冋聲。〔古熒切〕

【注釋】

關者，門閂也。

古代門扇有朝內開合，亦有朝外開合。扃是往外開合門扇的門閂，多用於內門。關是往裏開合門扇的大門閂，常用於城門。《禮記・禮運》:「外戶而不閉。」「外戶」是從外面關閉的門。古代的戶一般是從外面開合，門是從裏面開合，城門尤其明顯。

見「關」字注。

代指門，鮑照《野鵝賦》:「瞰東西之繡戶，眺左右之金扃。」引申之，動詞關門亦謂之扃，穿鼎兩耳的木棍亦謂之扃。又指兵車上插兵器和旗的横木，如「旗不脫扃」。

段注:「《禮》有鼎扃，所以關鼎，今關戶之木與關鼎相似。戶扃，蓋以木横著於戶為之機，令外可閉者。鼎關字正作鼏，《禮》古文叚扃為之，車上所以止旗者亦曰扃。」

文十 重一

門部

門 mén（门）　　聞也。从二戶，象形。凡門之屬皆从門。〔莫奔切〕

【注釋】

门乃草書楷化字形。聞也，聲訓也，以明門之得名之源。見「戶」字注。

引申為做事情的方法、關鍵，今有「竅門」,《老子》:「眾妙之門。」又指家、家族，《孔雀東南飛》:「謝家來貴門。」今有「滅門」。又有門類義，今有「分門別類」。生物上有介、門、綱、目、科、屬、種，皆類別之義也。

閶 chāng　　天門也。从門，昌聲。楚人名門曰閶闔。〔尺量切〕

【注釋】

神話傳說中的天門謂之閶闔。引申之，宮門亦謂之閶闔。

闈 wéi　　宮中之門也。从門，韋聲。〔羽非切〕

【注釋】

古代王宮中諸小門、側門的泛稱。

段注:「《釋宮》曰:宮中之門謂之闈。闈，宮中之巷門也。」孫詒讓《周禮正義》:「闈者，門之小者也。凡在南者皆稱門，其餘稱闈。」唯其小，可特指內室門，並代稱內室、眷屬居所。「宮闈」指宮殿裏面，引申指后妃居處。

又引申婦女居處，如賈寶玉「喜在內闈廝混」。「庭闈」謂父母居住的地方，代指父母。內室隱蔽，又引申為防嚴森秘的場所，科舉考試的考場以棘相圍，嚴加防範，故稱「棘闈」。「秋闈」謂鄉試考舉人的考場，「春闈」謂會試考進士的考場。

𨷆 yán　　𨷆謂之樀。樀，廟門也。从門，詹聲。〔余廉切〕

閎 hóng　　巷門也。从門，厷聲。〔戶萌切〕

【注釋】

本義是王宮中的巷頭門。

閨 guī　　特立之戶。上圜下方，有似圭。从門，圭聲。〔古攜切〕

【注釋】

特，獨也，無物覆蓋也。本義是上圓下方，小於闈，形如圭玉的內室小門，多用於女室。引申指內室，《七發》：「宮居而閨處。」引申特指舊時女子居住的內室，如「閨閣」「閨闥」。

《爾雅·釋宮》曰：「宮中門謂之闈，其小者謂之閨，小閨謂之閤。」「閨」與宮中之大門相對，指宮中內室的小門。「闈」「閨」「閤」皆指宮中的小門，「闈」泛指內寢，「閨」專指女室。「闈」只用於宮中，「閨」上下通用，「閤」亦上下通用。

閤 gé　　門旁戶也。从門，合聲。〔古沓切〕

【注釋】

《說文》：「閣，所以止扉也。」《釋宮》：「所以止扉謂之閣。」郭注：「門闢旁長橛也。」閣的本義是擋門的木棍子，典籍中樓閣之閣本字皆當作閤。今簡化漢字廢閤字。

閤的本義是旁門、小門，是設在大門旁側的獨扇小門，猶今南方之腳門。其門東西向而開。亦可泛指宮中最小的內門，又以內門代指朝廷，如「入閤進諫」。

唐代「入閤」有了特定的含義。唐制，天子朝見群臣不臨前殿（宣政殿），而在後面便殿（紫宸殿）。立儀仗於前殿，喚仗則臣自東西二閤入，曰「入閤」。後指受朝廷擢用。今「閤下」為敬稱，蓋不敢稱正門之下，而謂旁小門之下。後世「入閤」「閤下」寫作「入閣」「閣下」，乃形誤，大乖原義。「閤」是夾室，東閤、西閤即東夾、西夾，與「閣」無涉。又引申出樓閣義，引申出官署義，今有「內閣」。引申出閨房義，今有「出閣」。段注極為精到，可詳參。亦見《古代文化詞義集類辨考》。

段注：「《釋宮》曰：小閨謂之閤。按漢人所謂閤者，皆門旁戶也，皆於正門之外為之。《前書》注曰：閨、閤，內中小門也。《公孫弘傳》：起客館，開東閤以延賢人。師古云：『閤者，小門也。東向開之，避當庭門而引賓客，以別於掾史官屬也。』

亦有云南閤者，如許沖云：臣父故大尉南閤祭酒，是也。有云西閤者，如《晉書》：衛玠為太傅西閤祭酒，是也。唐時不臨前殿，御便殿，謂之入閤。謂立仗於前殿，喚仗則自東西閤入也。凡上書於達官曰閤下，猶言執事也。今人乃訛為閣下。」

闒 tà（闥）　　樓上戶也。从門，𦐇聲。〔徒盍切〕

【注釋】

本義是樓上的小門。今作闥字。

段注：「《齊風》傳曰：闥，門內也。許書無闥，闒即今闥字。《西京賦》說神明臺曰：上飛闥而仰眺。《西都賦》說井榦樓曰：排飛闥而上出。此二闥皆樓上戶。在高處故名之曰飛。」

引申為帝王所處的宮中小門，《霍光傳》：「出入禁闥二十餘年。」泛指一般的宮殿、樓閣的小門。泛指門、小門，古詩有「兩山排闥送青來」，今有「排闥直入」。今常「闒茸」連用，指卑微和駑鈍之人，賈誼《弔屈原賦》：「闒茸尊顯兮，鴟鴞翱翔。」

閈 hàn　　門也。从門，干聲。汝南平輿里門曰閈。〔侯旰切〕

【注釋】

秦漢時楚方言中里門之稱。

段注改作「閭也」，可從。閈的本義是里巷之門，即閭也。故引申出鄉里義，如「鄉閈」，「同閈」謂同鄉也。又泛指門，如「河山之富，闗閈之壯」。又指牆也，張衡《西京賦》：「閈庭詭異，門千戶萬。」

段注：「《左傳》《爾雅》釋文、《左傳正義》《蕪城》注、《玉篇》《廣韻》引皆作閭，至《爾雅疏》乃訛為門，今正。下文曰：閭，里門也。《漢書》：綰自同閈。應注：楚名里門曰閈。《招魂》：去君之恒幹。王注：『或作恒閈。閈，里也，楚人名里曰閈。』按惟《左傳》『高其閈閎』用為凡門之稱。」

閭 lǘ　　里門也。从門，呂聲。《周禮》：「五家為比，五比為閭。」閭，侶也，二十五家相群侶也。〔力居切〕

【注釋】

本義是里巷之門，《韓非子》：「鄭子產晨出，過東匠之閭，聞婦人之哭。」泛指里巷，《荀子》：「窮閭漏屋。」後里亦謂之閭，即二十五家之單位，里、閭一聲之轉也。見前「鄰」字注。

段注：「周制，二十五家為里，其後則人所聚居為里，不限二十五家也。《里部》曰：里，居也。里門曰閭。」

閻 yán（閆）　　里中門也。从門，臽聲。〔余廉切〕 閻，或从土。

【注釋】

作姓氏又寫作閆，乃閻之草書楷化字形。

本義是里內的門，有別於閭、閈。「閻」不同於用作一里出入大門之閭、閈，乃是里內之門，故其門小於閭、閈。巷是里中的小路，故「閻」當指里內小巷之門。

段注：「別於閭、閈為里外門也。」「閻閭」為里巷內外的門，亦指里巷。「閭閻撲地，鐘鳴鼎食之家」，里巷遍地，形容房屋眾多，市集繁華。

闠 huì　　市外門也。从門，貴聲。〔胡對切〕

【注釋】

闤指市場的圍牆，闠指市場的大門。「闤闠」泛指市場、街市。

段注：「市牆曰闤，市門曰闠。諸家皆有闤字，而許不錄，蓋以還、環包之，市之營域曰環，其外門曰闠。」

闉 yīn　　城曲重門也。从門，垔聲。《詩》曰：出其闉闍。〔於真切〕

【注釋】

闉本義是曲城，闍是城門上的樓臺。曲城必有樓臺，樓臺下有門，故闉闍常連用，代指曲城的門，《詩經》：「出其闉闍。」是也。闉者，堙也，有圍堵義，闉的作用是對城門的保護，故稱。

曲城又叫甕城、月城，指圍繞在城門外的半圓形小城。馬瑞辰通釋：「闍為臺門之制，上有臺則下必有門，有重門則必有曲城，二者相因。出其闉闍謂出此曲城重門。」

馬瑞辰「上有臺則下必有門」之說，其實只說對了一半。以北京城內城九門為例，每一個門都有城門，城門上面建有樓臺，如天安門城樓、正陽門（前門）城樓是也。城門的前面是箭樓，箭樓不開門洞，兩邊環牆成半圓形甕城，以保護城門。所以箭樓下並無城門，如今德勝門箭樓保存完整，無門洞。馬說並不全面，上有樓臺下未必有門。城牆的四角有角樓，也是樓臺，下亦無門。北京內城其餘八門的箭樓都不開門洞，只有正陽門的箭樓例外，因為皇帝要路過正陽門到先農壇，必須穿過前面箭樓，故正陽門的箭樓開門洞。

一般的箭樓的兩邊有閘樓，下安裝千斤閘，為進出甕城的通道，閘樓開門洞，但並不正對城門，以起到保護作用，今山海關的甕城即如此，吾曾親目。甕城和月城嚴格來說不是一回事，今正定縣古城和保定市甕城外還有月城，西安古城也有半月形的月城，月城也有月城門，算是對城門的二重保護。

段注：「《鄭風》曰：出其闉闍。傳曰：闉，曲城也。闍，城臺也。《正義》曰：《釋宮》云：闍謂之臺。闍是城上之臺，謂當門臺也。闍既是城之門臺，則知闉是門外之城，即今之門外曲城是也。故云：闉，曲城。闍，城臺。

按毛分言之，許並言之者，許意說字从門之恉也。有重門，故必有曲城，其上為門臺，即所謂城隅也，故闉闍字皆从門，而《詩》曰：出其闉闍，謂出此重門也。城曲，曲城意同。」

闍 dū　　闉闍也。从門，者聲。〔當孤切〕

【注釋】

王筠《句讀》改作「城門臺」，是。闍是城門上的樓臺，猶今之箭樓、門樓、閘樓類。見「闉」字注。

以上各詞，闈、閎、閨、閤、閈、閭、閻、闤闠、闉闍，本義是門，引申出門所在的地方，如里巷、內室、市場、曲城等，此相鄰引申也。參楊琳先生《論相鄰引申》。

闕 què　　門觀也。从門，欮聲。〔去月切〕

【注釋】

本義是古代宮殿、祠廟或陵墓前的高臺。

通常左右各一，臺上起樓觀，二闕之間有道路，是古代天子、諸侯宮門外張示法令的地方。徐鍇曰：「以其闕然為道，謂之闕。以其上可遠觀，謂之觀。」闕又叫象魏。象，法也；魏，高大貌。闕為懸示教令的地方。《周禮・天官・太宰》：「正月之吉，始和，布治於邦國都鄙，乃縣法於象魏，使萬民觀之。」

後引申為宮殿義，如「不知天上宮闕，今夕是何年」。又代指朝廷，如「收拾舊山河，朝天闕」。「魏闕」亦代指朝廷，如「身在草野，心馳魏闕」。闕、缺同源詞，見「缺」字注。

閞 biàn　門欂櫨也。从門，弁聲。〔皮變切〕

【注釋】

本義是門柱上的斗拱。閞又作為關之俗字，草書楷化俗字也。

閉 xiè　門扇也。从門，介聲。〔胡介切〕

【注釋】

門扇。楊樹達《積微居小學述林》：「門扉介在闑間，故謂之閉。」

闔 hé　門扇也。一曰：閉也。从門，盍聲。〔胡臘切〕

【注釋】

本義是門扇，《禮記》：「乃修闔扇。」泛指門，《荀子》：「故外闔不閉。」常用義是關閉，如「闔戶」「闔口」。又有全部義，今有「闔家歡樂」。

闑 niè　門梱也。从門，臬聲。〔魚列切〕

【注釋】

即門橛，古代豎在大門中央的短木，以限止門。

段注：「《木部》曰：梱，門橛也。相合為一義。《釋宮》：橛謂之闑。古者門有二闑，二闑之間謂之中門，惟君行中門，臣由闑外。賈公彥《聘禮》疏所言是也。《禮》古文闑作槷。」見「梱」字注。

閾 yù　門榍也。从門，或聲。《論語》曰：行不履閾。〔于逼切〕 古文閾，从洫。

【注釋】

即門檻也。引申出界限義，如「視閾」。

閬 làng　門高也。从門，良聲。巴郡有閬中縣。〔來宕切〕

【注釋】

閌閬，門高。從良之字多有高、長義，如桹（高木也）、朗（明也）、㝗（康也）、狼（長脊獸。高前，廣後）。「閌閬」又指建築物中空曠的部分，也叫「閌閬子」。

段注：「《𨸏部》曰：阬，閬也。此曰：閬，門高皃。相合為一義。凡許書異部合讀之例如此。《大雅》：迺立皋門，皋門有伉。傳曰：王之郭門曰皋門。伉，高皃。按《詩》伉當是阬之訛。《甘泉賦》：閌閬閬其寥郭兮。閌亦即阬字，許書無閌。」

闢 pì　開也。从門，辟聲。〔房益切〕 《虞書》曰：闢四門。从門，从𢪒。

【注釋】

本義是開門。段注：「引申為凡開拓之稱，古多假借辟字。」今開闢之本字也，今簡化漢字廢除。

重文乃古文之形，金文從門從廾，象兩手推門之形。小篆作闢，形聲字。開闢謂之辟，排除駁斥亦謂之辟，義相反而相成也。《荀子》：「闢耳目之欲。」如「退之《原道》闢佛老，儒者皆宗其語」。

段注：「按此上當依《匡謬正俗》《玉篇》補『古文闢』三字。𢪒者，今之攀字，引也。今俗語以手開門曰攀開，讀如班，古文於此會意。」

闖 wěi　闢門也。从門，為聲。《國語》曰：闖門而於之言。〔韋委切〕

闡 chǎn　開也。从門，單聲。《易》曰：闡幽。〔昌善切〕

【注釋】

本義是開門，泛指開、開闢，今有「闡發」。

開 kāi（开）　張也。从門，从幵。〔苦哀切〕 古文。

【注釋】

本義是開門。

泛指開，又擺開、設置義，今有「開席」「開宴」。今簡化作开，省旁俗字也。

楊樹達《積微居小學述林》:「古文从一从廾，一者，門關之形，以兩手取門關，故為開。小篆變古文之形，許誤以為从幵。」

闓 kǎi　開也。从門，豈聲。〔苦亥切〕

【注釋】

本義是開門，泛指開。清人有王闓運。又有歡樂、和樂義，通「愷」。

段注:「本義為開門，引申為凡啟導之稱。《心部》曰：忻者，闓也。」

閜 xiǎ　大開也。从門，可聲。大杯亦為閜。〔火下切〕

【注釋】

《方言》:「大杯亦為閜。」從可之字多有大義，見前「荷」字注。從可之字亦有小義，見前「顆」字注。

段注:「引申為凡大之稱。《上林賦》曰：谽呀豁閜。司馬彪云：谽呀，大皃。豁閜，空虛也。《方言》：閜，桮也。其大者謂之閜。」

閘 zhá　開閉門也。从門，甲聲。〔烏甲切〕

【注釋】

本義是開、關門。段注:「謂樞轉軋軋有聲。」今門閘義本字當作「牐」。《廣韻》:「牐，下牐，閉城門也。」明清時借閘為牐。

牐、閘二字，義相關，音相近，「閘」字形更像門中有一塊牐板的形狀。閘用作牐，兼有假借、形借、同義換讀等因素。本裘錫圭先生說。

閟 bì　閉門也。从門，必聲。《春秋傳》曰：閟門而與之言。〔兵媚切〕

【注釋】

本義是關門。

引申停止、終結義，《詩經》:「我思不閟。」又通「秘」，幽深也，如「閟宮」，本指周祖先后稷之母姜嫄之廟，後泛指祠堂。又有慎重、謹慎義，如「閟重」謂慎重也。「閟嗇」謂謹慎珍惜也。

段注:「引申為凡閉之稱。《載馳》《閟宮》傳曰：閟，閉也。又叚為祕字，《閟宮》箋曰：閟，神也。此謂閟即祕之叚借也。《示部》曰：祕，神也。」

閣gé　　所以止扉也。从門，各聲。〔古洛切〕

【注釋】

本義是古代立在門旁用來防止門自合的長木樁。

《爾雅》:「所以止扉謂之閣。」郭注:「門闢旁長橛也。」郭注可信。闢，開也。今多從郭注。郝懿行疏:「門開則旁有兩長橛杆輅之，止其自闔。此閣以長木為之，各施於門扇兩旁，以止其走扇也。」閣者，格也。格者，阻也，今有「格格不入」。今作閣樓字者本字皆當作閣，見前「閣」字注。

王筠《句讀》:「兩門旁地下有孔，以橛通其中，以止其扉，使之不動，今都城各門皆然。」《釋例》:「凡門扇太大者，既開之後，無所附麗，恐其重墜既久，不復方正，不利闔閉。且恐大風驟闔其門，以擊撞而敝敗也。於是以木或石，鑿為樸頭形（類似今靴子形，或 L 形），一半卑處，承門之下，一半高處，依門之面，是門庋閣其上也，故謂之閣。」

相形之下，《句讀》的說法更合乎歷史，《釋例》殆古「閣」之今變者。引申為古代存放東西的木板架子叫閣，大規模的編木而成的棚棧也叫閣，引申為存儲東西的建築的閣。本裘錫圭先生說，實本段注也。

段注:「閣本訓直橛所以扞格者，引申之，橫者可以庋物亦曰閣，如《內則》所云天子、諸侯、大夫、士之閣，漢時天祿、石渠閣皆所以閣書籍皆是也。閣字之義如此，故凡止而不行皆得謂之閣。」

閒jiān（間）　　隙也。从門，从月。〔徐鍇曰：夫門夜閉，閉而見月光，是有閒隙也。〕〔古閑切〕古文閒。

【注釋】

俗字作間，今簡化漢字廢閒。此閑暇之本字。

本義是閒隙，用月光從門縫裏射進來會意，本義是空間上有閒隙，引申為時間上有閒隙，故改月為日，造間字。時間上有閒隙即是閑暇，因此，引申出閑暇義，並佔用原字形閒，音 xián；時間、空間、間隙字佔用後起字間。

閑暇字本字當作閒，今作閑者，假借也。《說文》:「閑，闌也。」本義是欄杆，非本字明矣。典籍常借用，習非成是。「間」本義是縫隙。引申出隔閡、離間義。又秘密、悄悄地，「間行」謂抄小路也。間，近也，有近來義，《漢書》：「帝間顏色瘦黑。」

段注：「隙者，壁際也。引申之，凡有兩邊有中者皆謂之隙。隙謂之閒，閒者，門開則中為際。凡罅縫皆曰閒，其為有兩有中一也。病與瘳之閒曰病閒，語之小止曰言之閒。閒者，稍暇也，故曰閒暇。今人分別其音為戶閑切，或以閑代之。閒者，隙之可尋者也，故曰閒廁、曰閒迭、曰閒隔、曰閒諜。今人分別其音為古莧切。」

閜 ě　　**門傾也。从門，阿聲。〔烏可切〕**

【注釋】

阿有彎曲義，声兼義也。

閼 è　　**遮攤也。从門，於聲。〔烏割切〕**

【注釋】

本義是阻擋。遮，阻止也，非遮蓋也。擁者，堵也。《逍遙遊》：「背負青天而莫之夭閼者。」夭閼，阻擋也。

段注：「遮者，遏也。攤，衰也。古書壅遏字多作擁閼。」

闤 zhuǎn　　**開閉門利也。从門，繇聲。一曰：縷十紘也。〔臣鉉等曰：繇非聲，未詳。〕〔旨沇切〕**

闒 yà　　**門聲也。从門，曷聲。〔乙轄切〕**

【注釋】

今「吱呀一聲」之本字也。段注：「按駱駝鳴聲圔字當作闒。」

闀 xiàng　　**門響也。从門，鄉聲。〔許亮切〕**

闌 lán　　**門遮也。从門，柬聲。〔洛干切〕**

【注釋】

此「欄杆」之本字也。遮，擋也。

闌常用義是盡，如「夜闌人靜」「春意闌珊」。又有縱橫貌，《長恨歌》:「玉容寂寞淚闌干。」又有擅自（出入）義，今有「闌入」。

段注:「謂門之遮蔽也，俗謂櫳檻為闌，引申為酒闌字，於遮止之義演之也。」

閑 xián　　闌也。从門中有木。〔戶閒切〕

【注釋】

本義是欄杆、柵欄。

《說文》:「牢，閑養牛馬圈也。」正用本義。假借為閑暇字，而本義多廢矣。段注:「引申為防閑，古多借為清閒字，又借為嫻習字。」

常用義是範圍、界限，如「大德不愈閑，小德出入可也」。引申出防止義，如「建極閑邪」。又有熟悉義，《爾雅》:「閑，習也。」後作「嫻」。又有文靜、文雅義，今有「閑靜如嬌花照水」。後作「嫻」。

閉 bì　　闔門也。从門、才，所以歫門也。〔博計切〕

【注釋】

本義是關門。

引申為塞、不通，如「閉氣」「閉塞」。才，像門鍵之形。古代的門關閉後，為安全起見，要在兩門扇上各安裝一個中間有粗孔的短木，即「閉」，今農村木門仍是如此。詳見「關」字注。

段注:「从門而又像撐歫門之形，非才字也。玉裁按：才不成字，云：所以歫門，依許全書之例，當云：才象所以歫門之形，乃合。而無象形之云，則當是合二字會意。」

閡 hé　　外閉也。从門，亥聲。〔五漑切〕

【注釋】

從外面關門，引申為阻隔，今有「隔閡」。引申出界限義，今有「萬里無閡」。

闇 àn（暗）　　閉門也。从門，音聲。〔烏紺切〕

【注釋】

門閉則屋暗，引申為黑暗義，古籍常作暗之異體，今簡化漢字廢。引申出愚昧義，今有「闇昧」。帝王居喪謂之「諒闇」，謂居於暗室也，亦作「亮闇」「諒陰」「梁陰」。

關𨶹 guān（关）　　以木橫持門戶也。从門，𢇇聲。〔古還切〕

【注釋】

簡體字关乃關之草書楷化並省旁俗字，參聯、联等字。

本義是橫的大門閂，如「孔子勁杓國門之關而不肯以力聞」。今有「關鍵」者，關為橫門閂，鍵為豎的木棍子，上穿關，下穿地，用以閉門。關又叫管，《左傳》:「鄭人使我掌其北門之管。」鍵也作楗，也叫鑰，皆豎木棍也。

段注:「《通俗文》作櫦。引申之，《周禮》注曰：關，界上之門。又引申之，凡曰關閉，曰機關，曰關白，曰關藏，皆是。凡立乎此而交彼曰關。毛詩傳曰：關關，和聲也。又曰：間關，設舝貌。皆於音得義者也。」

「關關」「間關」皆鳥鳴聲也，如「鳥語間關」。引申有關口、關塞、機關等義，門閂要貫穿門，故引申貫穿義，《說文》:「彎，持弓關矢也。」《漢書》:「大臣括髮關械，裸躬受笞。」今有「關三木」，皆貫穿義。關有告義，今有「關告」。又指古代一種公文，今有「關文」。

古代的門閂、鎖具名稱所指繁雜，茲一併指出，詳參《古代漢語文化百科詞典》《古辭辨》。

古代的門關閉後，為安全起見，要在兩門扇上各豎著安裝一個中間有粗孔的短木，即「閉」，今農村木門仍是如此。粗孔中橫穿門閂，此門閂即稱為「關」「管」或「扃」。為了防止關的移動，又在關上穿孔，用一根短木橛上下豎穿此孔，該短木橛即「鍵」(楗)。又為了防止「鍵」的移動，鍵上可以設置「籥」，是環紐、插銷之類的固鍵對象。後來，「閉」演變為金屬製的鎖殼，「關」「鍵」成為鎖簧（舊式鎖中可以插入和拔出的部分)，籥成為鑰匙。這就是真正的鎖了，漢魏時已經出現簧片結構的金屬鎖。

古代門扇有朝內開合，亦有朝外開合，「扃」是往外開合的門扇的門閂，多用於內門（今山海關以北的門多門扇外開，今城市中房屋為了節省房內空間，也有設置成門外開的)。《說文》:「扃，外閉之關也。」「關」是往裏開合門扇的大門閂，常用於城門。《禮記・禮運》:「外戶而不閉。」「外戶」即從外面關閉的門。可見，古代的堂、室之間的「戶」當是外開合，而院子的大門當是內開合。

「關」和「扃」一樣，是橫貫的門閂，「關」上有牝孔可以受鍵，鍵是直插於關上的短木橛，故「關鍵」常連用，鍵常喻稱為「牡」，《廣雅》:「鍵，戶牡也。」鍵一般是半尺或一尺長的短木橛。段玉裁說鍵為豎的木棍子，上穿關，下穿地，「鑰」字段注：「關下牡者，謂以直木上貫關，下插地。」段說只是其一種形式。其常式是關橫門之中，鍵插於關上，鍵上設籥。

「閉」與「關」配合，《管子．八觀》：「宮垣不備，關閉不固，雖有良貨，不能守也。」「閉」與「鍵」也配合，鍵上下穿過關，為了固鍵，必須在關孔上部橫著安裝一有孔木，下端也橫著安裝一有孔木，該二有孔木類似「閉」上下橫著安裝，可能形制要小，故也可叫「閉」。故《月令》曰：「修鍵閉，慎管籥。」鄭玄注：「鍵，牡；閉，牝。」故左右貫關的叫「閉」，上下貫鍵的也叫「閉」。

「楗」（鍵）字段注：「關下牡謂之鍵，亦謂之籥。」此渾言之也。籥並不等同於鍵，如上所述，籥是鍵上的一個對象，或為環紐，或為插鎖，其作用是使插於關之鍵固於閉。卸開，可使鍵脫出。既然是鍵上的一個小部件，也可以代稱鍵。後來，籥發展為搏鍵器，即鑰匙。

闟 yuè（鑰、钥）　　關下牡也。从門，龠聲。〔以灼切〕

【注釋】

見上「關」字注。今鑰之本字也。

段注：「關者，橫物，即今之門櫝（門閂）。關下牡者，謂以直木上貫關，下插地，是與關有牝牡之別。《月令》曰：修鍵閉，慎管籥。注曰：『鍵，牡。閉，牝也。管籥，搏鍵器也（即今鑰匙）。』然則關下牡謂之鍵，亦謂之籥。籥，即闟之假借字。析言之，則鍵與闟有二。渾言之，則一物也。古無鎖鑰字，蓋古只用木為，不用金鐵。」

闐 tián　　盛貌。从門，真聲。〔待年切〕

【注釋】

段注：「《詩》曰：振旅闐闐，《孟子》作填，《玉藻》：盛氣顛實，假顛為闐也。」從真之字多有盛大義，如嗔（盛氣也）、謓（恚也）、瞋（張目也）、瘨（起也）。

闛 táng　　闛闛，盛貌。从門，堂聲。〔徒郎切〕

【注釋】

今「相貌堂堂」之本字也。堂堂，盛大貌。堂本高堂，亦有大義。闛乃後起本字也。

閹 yān　　豎也。宮中奄閽，閉門者。从門，奄聲。〔英廉切〕

【注釋】

本義是宦官、太監。豎者，童僕也，今有「豎子不足與謀」，小孩也。宦官在先秦和西漢時期並非全是閹人，自東漢始，則全為閹人。《後漢書・宦者列傳》:「中興之初，宦者悉用閹人。」

段注:「門豎也。門字今依《御覽》補。豎猶孺也，《周禮》注曰：豎，未冠者之官名。凡《文王世子》之內豎，《左傳》之使牛為豎，皆是。司門則曰門豎。奄，精氣閉藏者，今謂之宦人。他豎不必奄人，此豎則奄人也，故从奄。」

閽 hūn　　常以昏閉門隸也。从門，从昏，昏亦聲。〔呼昆切〕

【注釋】

閽人，即守門人，司昏晨以啟閉者。引申之，看門謂之閽，宮門亦謂之閽，杜甫詩:「誰能叫帝閽？」皇宮守門人叫「司閽」「閽者」。

段注:「《周禮・閽人》: 王宮每門四人，囿遊亦如之。注云:『閽人，司昏晨以啟閉者。刑人、墨者使守門。』按古閽與勳音同，《易》: 厲閽心。馬作熏。荀以熏為勳，而易為勳。漢光祿勳卿一人，胡廣曰：勳猶閽也，主殿宮門戶之職。」

闚 kuī（窺）　　閃也。从門，規聲。〔去隓切〕

【注釋】

此「窺視」之本字也。段注:「此與窺義別，窺，小視也。」今作為窺之異體，後廢除。

闌 lán　　妄入宮掖也。从門，䜌聲。讀若闌。〔洛干切〕

【注釋】

此闌入之本字也，許書有以讀若破假借之例。掖門，是正門旁邊的小門，在兩旁，如人臂腋。

段注:「《漢書》以闌為闌字之假借。《成帝紀》: 闌入尚方掖門。應劭曰：無符籍妄入宮曰闌，又或作蘭。」

𨳇 zhèn　　登也。从門、二。二，古文下字。讀若軍陣之陣。〔臣鉉等曰：下，言自下而登上也，故从下。《商書》曰：若升高，必自下。〕〔直刃切〕

閃 shǎn　　窺頭門中也。从人在門中。〔失冉切〕

【注釋】

本義是偷窺。見前「闚」，閃也。

閱 yuè　　具數於門中也。从門，說省聲。〔弋雪切〕

【注釋】

在門中逐一清點計算。

本義是查看，如「查閱」「檢閱」等。又有經歷義，如「閱歷」。又有彙集義，陸機《歎逝賦》：「川閱水以成川。」古常「閥閱」連文，或作「伐閱」，功勞也。《漢書》：「無伐閱功勞。」師古注：「古曰伐，積功也；閱，經歷也。」

閥閱是門前寫上自我功績的左右兩根柱子，在左的稱為「閥」，在右的稱為「閱」。徐灝《注箋》：「今字閥从門者，蓋因閱而增之。唐宋以後，遂於門外作二柱，謂之烏頭閥閱。」借指巨室世家，《幼學瓊林》：「貴族稱為閥閱，朱門乃豪之第。」

段注：「云於門中者，以其字从門也。《周禮》：大閱。注曰：簡軍實也。《左氏春秋》：大閱。傳曰：簡車馬也。引申為閱歷，又引申為明其等曰閥，積其功曰閱。《手部》揲下曰：閱持也。《易》：揲之以四。謂以四更迭數之也。」

闋 què　　事已，閉門也。从門，癸聲。〔傾雪切〕

【注釋】

本義是停止終了，如「樂闋」，引申為詞的上闋下闋。泛指止息、停止。

段注：「引申為凡事已之稱呼，《詩》：俾民心闋。傳曰：闋，息也。《禮記》：有司告以樂闋。」

闞 kàn　　望也。从門，敢聲。〔苦濫切〕

【注釋】

本義是窺視。段注：「望有倚門、倚閭者，故从門。《大雅》：闞如虓虎。謂其怒視。」

闊 kuò　　疏也。从門，活聲。〔苦括切〕

【注釋】

本義是開闊。

引申為寬緩、放寬義，今有「寬闊」「闊其期」。《漢書》：「闊其租賦。」引申為遠、久遠，今有「遼闊」「闊別」。「迂闊」本義亦遠也，引申為不合實際。迂，遠也。又指富裕的，今有「闊氣」「闊人」。

閔 mǐn　　弔者在門也。从門，文聲。〔臣鉉等曰：今別作憫，非是。〕〔眉殞切〕古文閔。

【注釋】

此「憐憫」之本字也。

憐憫義常與憂患、災難義相關，故閔字亦有憂患、災難、憂慮義。閔之災患，常指疾病死喪，李密《陳情表》：「臣以險釁，夙遭閔凶。」《孟子》：「宋人有閔其苗之不長者。」

段注：「引申為凡痛惜之辭，俗作憫。《邶風》：覯閔既多。《豳風》：鬻子之閔斯。傳曰：閔，病也。」

闖 chuǎng　　馬出門皃。从馬在門中。讀若郴。〔丑禁切〕

【注釋】

引申出經歷、歷練義，如「闖練」。天津方言，陣雨謂之闖雨。

段注：「引申為突兀驚人之辭。《公羊傳》曰：開之則闖然公子陽生也。何云：闖，出頭皃。韓退之詩曰：喁喁魚闖萍。俗語轉若創。」

文五十七　重六

闤 huán　　市垣也。从門，瞏聲。〔戶關切〕

【注釋】

市場的圍牆，常「闤闠」連用，代指市場。見前「闠」字注。

闥 tà　　門也。从門，達聲。〔他達切〕

【注釋】

見前「闉」字注。

閌 kàng　閌閬，高門也。从門，亢聲。〔苦浪切〕

【注釋】

閌閬，高門貌。見前「閬」注，從亢之字多有高義，見前「伉」「亢」字注。

閥 fá　閥閱，自序也。从門，伐聲。義當通用伐。〔房越切〕

【注釋】

見前「閱」字注。本義是功勞，又指古代有權勢地位的家族，如「子孫眾盛，實為名閥」。今有「門閥」。

闃 qù　靜也。从門，狊聲。〔臣鉉等案：《易》：窺其戶，闃其無人。窺，小視也。狊，大張目也。言始小視之，雖大張目亦不見人也。義當只用狊字。〕〔苦狊切〕

【注釋】

本義是寂靜，如「闃無一人」「闃寂」「闃然」。

文五 新附

耳部

耳 ěr　主聽也。象形。凡耳之屬皆从耳。〔而止切〕

【注釋】

本義是耳朵，引申動詞聽、聽說義，歐陽修詩：「通宵耳高論，飲恨知何涯。」

段注：「凡語云而已者，急言之曰耳，在古音一部。凡云如此者，急言之曰爾，在古音十五部。如《世說》云：聊復爾耳。謂且如此而已是也。二字音義，絕不容相混，而唐人至今訛亂至不可言，於古經傳亦任意填寫，致多難讀。

即如《論語》一經，言云爾者，謂如此也。言謹爾、率爾、鏗爾者，爾猶然也。言無隱乎爾、一日長乎爾，爾猶汝也。言汝得人焉爾乎，言得人於此否也。《公羊傳》《三年問》：焉爾，皆訓於此也。全經惟有『前言戲之耳』，乃而已之訓。今俗刻作『汝得人焉耳乎』，乃極為可笑。曹操曰：『俗語云：生女耳。耳是不足之詞。』此古說之存者也。音轉讀為仍，如耳孫亦曰仍孫，是也。」

耴 zhé　　耳垂也。从耳下垂，象形。《春秋傳》曰「秦公子輒」者，其耳下垂，故以為名。〔陟葉切〕

【注釋】

輒從此聲。

段注：「《白虎通》所謂旁其名為之字，聞名即知其字，聞字即知其名也。《左傳》云：以類命為象。生而耳垂，因名之耴。猶生而夢神以黑規其臀，因名之黑臀。」

貼 diān　　小垂耳也。从耳，占聲。〔丁兼切〕

【注釋】

從占之字多有小義，如玷（小斑點）、點（小黑點）、姑（小弱也）。

耽 dān　　耳大垂也。从耳，冘聲。《詩》曰：士之耽兮。〔丁含切〕

【注釋】

本義是耳朵大且下垂，如「夸父耽耳」。常用義是沉溺，今有「耽於安樂」。延遲義乃後起。

段注：「《淮南・地形訓》：夸父耽耳，在其北。高注：『耽耳，耳垂在肩上。』按許書本無聸字，耽即聸也。今本於耽篆之外沾一聸篆，誤矣。毛傳曰：耽，樂也。耽本不訓樂，而可假為媅字，《女部》曰：媅者，樂也。」

聃 dān　　耳曼也。从耳，冄聲。 聃，或从甘。〔他甘切〕

【注釋】

曼者，長也。老子，名李耳，字聃。

段注：「曼者，引也。耳曼者，耳如引之而大也，如曼膚、曼聧之曼。《史記・老子列傳》曰：姓李氏，名耳，字聃。《史記索隱》《老子音義》皆如此，今本《史記》作：名耳，字伯陽，謚曰聃。淺人妄改者也。字伯陽，見唐固《國語注》。」

聸 dān　　垂耳也。从耳，詹聲。南方聸耳之國。〔都甘切〕

【注釋】

段注：「古只作耿，一變為聸耳，再變則為儋耳矣。」

耿 gěng　耳箸頰也。从耳，烓省聲。杜林說：「耿，光也。从光，聖省。」凡字皆左形右聲，杜林非也。〔徐鍇曰：凡字多右形左聲。此說或後人所加，或傳寫之誤。〕〔古杏切〕

【注釋】

「烓省聲」者，馬敘倫《說文解字六書疏證》：「《說文》省聲之字，頗有省其所从得聲之字之聲旁，而存其形旁者。」

耿的本義是光亮，引申為正直義，所謂正大光明也，如「耿介」，耿直也。耿有正直義，介有正直義；介有阻隔義，耿也有。同步引申也。

「耿耿」表不安義，即來自阻隔，心裏有阻隔則不安也。「耿耿」，不安貌也，如「耿耿於懷」；又有燈光微明貌，如「耿耿星河欲曙天」；又有忠誠貌，如「忠心耿耿」。

聯 lián（联）　連也。从耳，耳連於頰也。从絲，絲連不絕也。〔力延切〕

【注釋】

联乃草書楷化字形，參關、关等字。

段注：「凡相連屬之稱，周人用聯字，漢人用連字，古今字也。《周禮》：官聯以會官治。鄭注：『聯讀為連，古書連作聯。』此以今字釋古字之例。」

聊 liáo　耳鳴也。从耳，丣聲。〔洛蕭切〕

【注釋】

本義是耳鳴。

段注：「《楚辭》曰：耳聊啾而戃慌。王注云：聊啾，耳鳴也。此聊之本義，故字从耳。若《詩·泉水》傳云：聊，願也。箋云：聊，且略之辭也。《方言》曰：俚，聊也。《戰國策》：民無所聊。此等義相近，皆叚聊為憀也。憀者，憀賴也。又《詩》傳：椒聊，椒也。不言聊為語詞，蓋單呼曰椒，絫呼曰椒聊。」

常用義是依靠，今有「無聊」，即無依靠也，心靈的無依靠。又有「民不聊生」。

「聊賴」，同義連文，依賴也，賴亦聊也、依也，今有「依賴」。無聊本字當作「憀」，見前「憀」字注。又有略義，今有「聊勝一籌」「聊勝於無」。

聖 shèng（圣）　　通也。从耳，呈聲。〔式正切〕

【注釋】

本義是通達。圣乃草書楷化字形。

甲骨文作、，李孝定《甲骨文字集釋》：「象人上著大耳，从口，會意。初意為聽覺之敏銳，引申訓通、賢，聽、聲、聖同源，其實當本一字。」

《詩經》：「母氏聖善。」謂通達事理也。今書聖、畫聖者即此義，謂某一方面非常精通的人。杜甫律詩以「工對」著稱，詩歌形式美的境界最高，故稱「詩聖」。李白詩以古風見長，縱情揮灑，不拘形制，只能稱「詩仙」。

段注：「《邶風》：母氏聖善。傳云：聖，叡也。《小雅》：或聖或不。傳云：人有通聖者，有不能者。《周禮》：六德教萬民，智仁聖義忠和。注云：聖通而先識。《洪範》曰：睿作聖。凡一事精通，亦得謂之聖。聖从耳者，謂其耳順。《風俗通》曰：聖者，聲也，言聞聲知情。按聲、聖字古相叚借。」

聰 cōng（聪）　　察也。从耳，悤聲。〔倉紅切〕

【注釋】

本義是聽力好，今有「耳聰目明」，保留本義。聪乃草書楷化俗字也。從悤之字多有通義，見前「蔥」字注。

聽 tīng（听）　　聆也。从耳、㥁，壬聲。〔他定切〕

【注釋】

听、聽本二字，《說文》：「听，笑貌。」音 yín，司馬相如《子虛賦》：「無是公听然而笑。」元代已作為聽之俗字，今簡化歸併為一。

常用義有治理、處理，如「垂簾聽政」。古之「聽獄」即今之斷案也。聽有順義，《說文》：「睽，目不相聽也。」聽，順也。「聽」是一般的聽，「聆」是細聽。

段注：「凡目所及者云視，如視朝、視事是也。凡目不能徧而耳所及者云聽，如聽天下、聽事是也。」

聆 líng　　聽也。从耳，令聲。〔郎丁切〕

【注釋】

見上「聽」字注。今有「聆教」「聆聽」，皆己對人之謙辭，動作發出者是自己。今常有「謝謝聆聽」之語者，猶言「請你拜讀」，皆昧於謙敬之道也。

段注：「二篆轉注，《匡謬正俗》載俗語云：聆瓦。聆者，聽之知微者也。《文王世子》曰：夢帝與我九聆。此叚聆為鈴，夢天以九個鈴與己也。」

職 zhí　記微也。从耳，戠聲。〔之弋切〕

【注釋】

职乃另造之俗字。

本義是記住。職有執掌、掌管義，《爾雅》：「尸、職，主也。」如「有司職之」。又公文用語，下屬對上司自稱，如「職奉命前往」。又奉獻義，《後漢書》：「是時荊州牧劉表不供職貢。」

又虛詞主要也，《詩經》：「噂沓背憎，職競由人。」《史通》：「史之煩蕪，職由於此。」《爾雅》：「職，主也。」職有主掌義，也有主要義。又表原因，由於也，如「職是之故」「職此」。

桂馥《說文解字義證》：「經典通用从言之識，以此職為官職。又以幟代識，形之既久，遂為借義所專，今人不知識為幟之本字，職為識之本字也。」

段注：「記猶識也，纖微必識是曰職。《周禮》太宰之職、大司徒之職，皆謂其所司。凡言司者，謂其善伺也。凡言職者，謂其善聽也。《釋詁》曰：職，主也。毛傳同，見《詩・悉蟀》《十月之交》。《周禮》職方，亦作識方。」

聒 guō　讙語也。从耳，昏聲。〔古活切〕

【注釋】

讙，同「歡」。今有「聒噪」。

聥 jǔ　張耳有所聞也。从耳，禹聲。〔王矩切〕

聲 shēng（声）　音也。从耳，殸聲。殸，籒文磬。〔書盈切〕

【注釋】

声乃聲之省旁俗字。

本義是聲音，引申為音訊，如「聲氣」謂消息，今有「不通聲氣」。又聲望、名聲，又有動詞宣布，今有「聲明」「聲討」。見「音」字注。

段注：「聲音互訓，此渾言之也。析言之，則曰生於心有節於外謂之音，宮商角徵羽，聲也。絲竹金石匏土革木，音也。《樂記》曰：知聲而不知音者，禽獸是也。」

聞 wén　知聞也。从耳，門聲。〔無分切〕古文，从昏。

【注釋】

本義是聽到。

引申出見聞、知識，今有「博聞強志」。引申聲譽、名望，今有「令聞令望」。又有傳達的消息義，今有「新聞」。上古聞沒有用鼻子嗅義，乃後起。近代漢語中，聞有趁義，「聞早」即趁早。

段注：「往曰聽，來曰聞。《大學》曰：心不在焉，聽而不聞。引申之為令聞廣譽。」

聘 pìn　訪也。从耳，甹聲。〔匹正切〕

【注釋】

本義是訪問，常「聘問」連用。又有聘請、召請義。段注：「泛謀曰訪。按《女部》曰：娉，問也。二字義略同。」

聾 lóng　無聞也。从耳，龍聲。〔盧紅切〕

䏚 sǒng（聳）　生而聾曰聳。从耳，從省聲。〔息拱切〕

【注釋】

今作聳，从從不省，簡化作耸。

本義是天生的聾子，馬融《廣成頌》：「子野聽聳，離朱目眩。」多假借為高聳、勸勉（慫恿乃後起字）、恐懼義，如「聳善抑惡」。

段注：「又古多假聳為㩳，《方言》曰：聳，悚也。又曰：聳，欲也。荊吳之間曰聳，自關而西秦晉之間相勸曰聳，中心不欲而由旁人之勸語亦謂之聳。」

聹 zǎi　益梁之州謂聾為聹，秦晉聽而不聞，聞而不達謂之聹。从

耳，宰聲。〔作亥切〕

【注釋】

《廣雅》:「聹，聾也。」特指半聾，即「秦晉聽而不聞，聞而不達謂之聹」者。今《方言》作「秦晉之間聽而不聰」。

聵 kuì　　聾也。从耳，貴聲。〔五怪切〕聵，或从𣪠。〔臣鉉等曰：當从蔽省，義見蔽字注。〕

【注釋】

本義是天生的聾子。《國語》:「聾聵不可使聽。」韋注:「耳不別五聲之和曰聾，生而聾曰聵。」今有「振聾發聵」。又有糊塗無知義，今有「昏聵」。

聉 wà　　無知意也。从耳，出聲。讀若孽。〔五滑切〕

【注釋】

指聾得很厲害，一點也聽不到，即「無知意者」也。

段注:「《方言》曰：聾之甚，秦晉之間謂之䎱。注曰：言聉無所聞知也。疑《方言》之正文本作謂之聉，今本訛。」

䎱 wà　　吳楚之外，凡無耳者謂之䎱，言若斷耳為盟。从耳，闋聲。〔五滑切〕

【注釋】

常作為聉之異體。

段注:「《方言》曰：吳楚之外郊，凡無有耳者謂之䎱。其言䎱者，若秦晉中土謂墮耳者明也。言若斷耳為盟，斷耳即墮耳。盟當作明，字之誤也。」

聅 chè　　軍法：以矢貫耳也。从耳，从矢。《司馬法》曰：小罪聅，中罪刖，大罪剄。〔恥列切〕

【注釋】

聅者，徹也。徹者，通也。聅、徹同源詞也。

聝 guó（馘）　　軍戰斷耳也。《春秋傳》曰：以為俘聝。从耳，或聲。

〔古獲切〕馘，聝或从首。

【注釋】

今通行重文馘。戰爭中，割取敵人的左耳計數報功。又指割下的左耳，《三國志》:「獻馘萬計。」

段注:「《大雅》:攸馘安安。傳曰:馘，獲也。不服者殺而獻其左耳曰馘。《魯頌》:在泮獻馘。箋云:馘所格者之左耳。」

朗 yuè　　墮耳也。从耳，月聲。〔魚厥切〕

䏖 mǐ　　乘輿金馬耳也。从耳，麻聲。讀若渳水。一曰:若《月令》「靡草」之靡。〔亡彼切〕

【注釋】

天子車上的金飾車耳。

聆 qín　　《國語》曰:「回祿信於聆遂。」闕。〔巨今切〕

聑 tiē　　安也。从二耳。〔丁帖切〕

【注釋】

今「妥帖」之本字也。妥帖，同義連文，安也。

聶 niè（聂）　　附耳私小語也。从三耳。〔尼輒切〕

【注釋】

本義是附耳私語。《史記·魏其武安列傳》:「乃效女兒呫聶耳語。」韋曰:「呫聶，附耳小語聲。」

今簡體字作聂者，由重文符號「又」代替形成之俗字也，「轟－轰」字同此。

文三十二　重四

聱 áo　　不聽也。从耳，敖聲。〔五交切〕

【注釋】

聽，順也。《說文》：「睽，目不相聽也。」不接受別人的意見叫聱。《新唐書》：「彼誚以聱者，為其不相從聽。」話不順耳叫聱，今有「佶屈聱牙」。聱，驁也，今有「桀驁不馴」，同源詞也。

文一 新附

臣部

臣 yí（頤）　　顧也。象形。凡臣之屬皆从臣。〔與之切〕 篆文臣。 籀文，从首。

【注釋】

頤之初文，下巴也。

今通行重文頤字，今有「頤指氣使」。又有面頰義，今有「解頤」，謂開顏而笑。相鄰引申也。常用養、保養義，「頤和園」者，頤者，養也，頤養太和也。今有「頤養天年」。

段注：「臣者，古文頤也。鄭《易》注曰：『頤中，口車輔之名也。震動於下，艮止於上，口車動而上，因輔嚼物以養人，故謂之頤。頤，養也。』按鄭意謂口下為車，口上為輔，合口車輔三者為頤。《左氏》云：輔車相依。《車部》云：輔，人頰車也。《序卦》傳曰：頤者，養也。古名頤字真，晉枚頤字仲真，李頤字景真。枚頤或作梅賾，誤也。」

配 yí（戺）　　廣臣也。从臣，巳聲。〔與之切〕 古文配，从戶。〔臣鉉等曰：今俗作床史切，以為階戺之戺。〕

【注釋】

此「熙熙攘攘」之本字也。熙常訓光明，光者，廣也，義相通。配、戺本一字之異體，後分化異用。戺指臺階兩旁所砌的斜石，又指門檻。

段注：「廣臣曰配，引申為凡廣之稱，《周頌·昊天有成命》傳曰：緝，明也。熙，廣也。熙乃配之段借字也。熙从火，其義訓燥，不訓廣也。熙訓廣，而熙乃配之段借。《顧命》：夾兩階戺。某氏云：堂廉曰戺。《廣雅》云：戺，切也。此因堂邊圻堮象人下頷之廣闊，故藉以為名，而讀床史切。」

文二 重三

手部

手 shǒu　　拳也。象形。凡手之屬皆从手。〔書九切〕 古文手。

【注釋】

段注：「今人舒之為手，卷之為拳，其實一也，故以手與拳二篆互訓。」引申為拿著，今有「人手一冊」。

掌 zhǎng　　手中也。从手，尚聲。〔諸兩切〕

【注釋】

本義是巴掌。引申為用手打，今有「掌嘴」。掌，主也。故，事也。關於古代人物、典章制度等的故事謂之「掌故」。

段注：「手有面有背，背在外則面在中，故曰手中。《左傳》云『有文在手』者，在掌也。玉裁按：凡《周禮》官名掌某者，皆捧持之義。」

拇 mǔ　　將指也。从手，母聲。〔莫厚切〕

【注釋】

將，大也。

段注：「手以中指為將指，為拇；足以大指為將指，為拇。此手足不同稱也。」

指 zhǐ　　手指也。从手，旨聲。〔職雉切〕

【注釋】

本義是手指，引申為指責義，今有「千夫所指」。又有意思、意圖義，又寫作「旨」。又有豎起來義，今有「令人髮指」。

段注：「手非指不為用。大指曰巨指、曰巨擘，次曰食指、曰啑鹽指，中曰將指，次曰無名指，次曰小指。假借為恉，《心部》曰：恉，意也。」

拳 quán　　手也。从手，𢍏聲。〔巨員切〕

【注釋】

拳，卷也。本義是拳頭，引申為曲也，《莊子》：「則拳曲不可以為棟梁。」引申為勇力，常「拳勇」連用，《詩經》：「無拳無勇，職為亂階。」「拳拳」謂誠懇貌。

段注：「合掌指而為手，卷之為拳。故《檀弓》曰：執女手之拳然。」

掔 wàn（腕）　**手掔也。楊雄曰：掔，握也。从手，𢼸聲。〔烏貫切〕**

【注釋】

今作腕字。

攕 xiān　**好手貌。《詩》曰：攕攕女手。从手，韱聲。〔所咸切〕**

【注釋】

今《詩經》作「纖纖」。

段注：「《魏風·葛屨》曰：摻摻女手，可以縫裳。傳曰：『摻摻，猶纖纖也。』漢人言手之好曰纖纖。如古詩云：纖纖擢素手。傳以今喻古，故曰猶。其字本作攕，俗改為摻，非是。」

揱 shuò　**人臂貌。从手，削聲。《周禮》曰：輻欲其揱。〔徐鍇曰：人臂梢長纖好也。〕〔所角切〕**

摳 kōu　**繑也。一曰：摳衣升堂。从手，區聲。〔口侯切〕**

【注釋】

紐扣之本字也。

繑，絝紐也，指褲腿上的帶子。摳者，抓取也。摳衣者，提起衣服前襟，以示尊敬。今用為動詞，指用手指或細小的東西挖。又雕刻花紋義，如「在鏡框上摳出花來」。

攐 qiān　**摳衣也。从手，褰聲。〔去虔切〕**

【注釋】

本義是用手提起衣服。典籍常作褰，本字當作攐。《詩·鄭風·褰裳》：「子惠思我，褰裳涉溱。」

撎 yì　**舉手下手也。从手，壹聲。〔於計切〕**

【注釋】

當作「舉首下手也」。

段注：「凡不跪不為拜，跪而舉其首惟下其手是曰肅拜，漢人曰撎。《周禮》九拜：九曰肅拜。先鄭注云：肅拜，但俯下手，今時撎是也。鄭注《少儀》曰：肅拜，拜不低頭也。云但俯下手，云不低頭，正與舉首下手合。玉裁按：婦人拜亦無不跪者。肅拜，跪而舉首不俯伏，雖拜君賜亦然。」

揖 yī　　攘也。从手，咠聲。一曰：手箸胸曰揖。〔伊入切〕

【注釋】

古代的拱手禮。攘，推也。推手胸前曰揖。

攘 rǎng　　推也。从手，襄聲。〔汝羊切〕

【注釋】

今退讓、謙讓之本字也。《說文》：「讓，相責讓。」本義是責怪，段注：「經傳多以為謙攘字。」諧聲與複輔音 sn 有關。

攘古籍中有相反二義，即推出去和拿過來。攘除也，如「尊王攘夷」；又侵奪也，今有「攘奪」；偷取義，《論語》：「其父攘羊，而子證之。」偷取也是拿過來。又有擾亂義，如「攘天下，害百姓」。今有「熙熙攘攘」，紛亂貌也。又有撩起、挽起義，如「奮袂攘襟」。

段注：「推手使前也，古推讓字如此作。《曲禮》注曰：攘，古讓字。許云：讓者，相責讓也。攘者，推也。从古也。《漢書・禮樂志》：盛揖攘之容。《藝文志》：堯之克攘。《司馬遷傳》：小子何敢攘。皆用古字。凡退讓用此字，引申之使人退讓亦用此字，如攘寇、攘夷狄是也。」

拱 gǒng　　斂手也。从手，共聲。〔居竦切〕

【注釋】

本義是拱手。兩手在胸前相抱表示恭敬。引申兩手合圍，如「拱抱」「拱木」。又環繞義，如「拱衛」。

段注：「《尚書》大傳曰：拱則抱鼓。皇侃《論語》疏曰：『拱，沓手也。』九拜皆必拱手而至地，立時敬則拱手。如《檀弓》：孔子與門人立拱，《論語》：子路拱而立，《玉藻》：臣侍於君垂拱。凡拱不必皆如抱鼓也，推手曰揖，則如抱鼓。拜手，則斂於抱鼓。稽首、頓首，則以其斂於抱鼓者下之。

凡沓手，右手在內，左手在外，是謂尚左手，男拜如是，男之吉拜如是，喪拜反是。左手在內，右手在外，是謂尚右手，女拜如是，女之吉拜如是，喪拜反是。拱古文叚借作共，《鄉飲酒禮》注曰：共，拱手也。」

據段注，古代作揖拱手，標準的是右手成拳，左手包住，因為右手是攻擊手，包住以示善意。而女子則相反，是左手在內，右手在外，是謂尚右手。以上皆為吉拜，喪拜則相反。今《新聞聯播》男女主持人拜年時拱手禮恰如段注，可謂考究矣。

撿 liǎn　　拱也。从手，僉聲。〔良冉切〕

【注釋】

斂手之後起本字也，今作為撿拾字。段注：「凡斂手宜作此字。」

𢲸 bài（拜）　　首至地也。从手、𠦪。𠦪音忽。〔徐鍇曰：𠦪，進趣之疾也，故拜从之。〕〔博怪切〕 楊雄說，拜从兩手下。 古文拜。

【注釋】

今通行重文拜。古之拜要下跪，今之拜則未必。詳見「頓」「䭫」字注。

捾 wò（剜）　　搯捾也。从手，官聲。一曰：援也。〔烏括切〕

【注釋】

今作剜。段注：「捾乃複舉字，誤移搯下耳，義理與抉略同，今人剜字當作此。」

搯 tāo（掏）　　捾也。从手，舀聲。《周書》曰：「師乃搯。」搯者，拔兵刃以習擊刺。《詩》曰：左旋右搯。〔土刀切〕

【注釋】

今作掏。又叩也，抽也。

段注：「《通俗文》：『捾出曰掏，爪按曰搯。』掏即搯也，許不錄掏。」

𢬵 gǒng　　擁也。从手，巩聲。〔居竦切〕〔臣鉉等案：《丮部》有𢬵，與巩同，此重出。〕

【注釋】

擁，抱也、舉也。

推 tuī　　排也。从手，隹聲。〔他回切〕

【注釋】

本義是用手推。

引申義有移動，今有「推心置腹」；有推究、探求義，今有「推敲」；有推廣義，漢代有「推恩令」；有除去義，今有「推陳出新」；有辭讓義，今有「推辭」。

捘 zùn　　推也。从手，夋聲。《春秋傳》曰：捘衛侯之手。〔子寸切〕

【注釋】

本義是推。又有按、捏義，如「生扶之，陰捘其腕」。

排 pái　　擠也。从手，非聲。〔步皆切〕

【注釋】

排者，推也，「排闥而入」，即推門而入也。今有「排山倒海」；又有排擠義，又有消除義，今有「排除」。段注：「今義列也。」

擠 jǐ　　排也。从手，齊聲。〔子計切〕

【注釋】

本義是推。擁擠義是後起。

段注：「《左傳》：知擠於溝壑矣。杜云：隊也。隊今之墜字，謂排而墜之也。《商書・微子》作隮，引《左傳》亦作隮。隮者，躋之俗。」

抵 dǐ　　擠也。从手，氐聲。〔丁禮切〕

【注釋】

本義是推、擠，今有「排抵」。引申否認義，今有「抵賴」；引申有到達義，《爾雅》：「抵，至也。」今有「抵達」「今日抵京」。

摧 cuī　　擠也。从手，崔聲。一曰：挏也。一曰：折也。〔昨回切〕

【注釋】

段注：「《釋詁》、毛傳皆曰：摧，至也。即抵之義也。自推至摧六篆同義。」摧之常用義是折斷，如「檣傾楫摧」。

段注：「折者，斷也。今此義行而上二義廢矣。《詩》：室人交徧摧我。傳曰：摧，沮也。此折之義也。」折斷必傷，故摧有悲傷義，今有「悲摧」「摧愴」，又有「摧藏」「摧傷」。

拉  lā　　摧也。从手，立聲。〔盧合切〕

【注釋】

本義是折斷。「摧枯拉朽」，摧、拉同義，皆折斷也。古代的拉字不當拉開講。

段注：「《公羊傳》：搚幹而殺之。何曰：搚，折聲也。按搚亦作拉，此上文『摧，一曰：折也』之義。」

挫  cuò　　摧也。从手，坐聲。〔則臥切〕

【注釋】

本義是折斷。今有「挫折」，同義連文也。引申為壓制，如「挫抑」；又屈辱也，如「挫辱」。

段注：「此亦上文『摧，一曰：折也』之義。《考工記》：揉牙內不挫。注云：挫，折也。《詩》：乘馬在廄，摧之秣之。傳曰：摧，挫也。箋云：挫今莝字也。傳、箋今本訛舛，今正之如是。」

扶  fú　　左也。从手，夫聲。〔防無切〕 古文扶。

【注釋】

本義是扶著，引申有沿著義，《桃花源記》：「便扶向路，處處志之。」又指古代的長度單位，四寸為扶，常「扶寸」連用，又作「膚寸」。

牂  jiāng　　扶也。从手，爿聲。〔七良切〕

【注釋】

今「扶將」「將息」之本字也，《木蘭詩》：「出郭相扶將。」《詩經》：「無將大車。」本字皆當作牂。

段注：「《古詩》：好事相扶將。當作扶牂，字之假借也。凡云將順其美，當作牂順。《詩》：百兩將之。傳曰：將，送也。天不我將，箋云：將猶養也。皆於牂義為近。《玉篇》曰：牂，今作將，擀同。」

持 chí　　握也。从手，寺聲。〔直之切〕

【注釋】

本義是拿著。

引申有保持義，今有「持之以恆」；又有挾制、控制義，今有「挾持」；又有對立、對峙義，《三國志》：「太祖與袁紹持於官渡。」心謂之「靈臺」，謂心能持重也，如「靈臺方寸山，斜月三星洞」，臺、持古音近。「方寸」亦謂心也。

挈 qiè　　縣持也。从手，㓞聲。〔苦結切〕

【注釋】

本義是用手提著，如「提綱挈領」。泛指帶領，今有「挈婦將雛」。

段注：「提，挈也。則提與挈皆謂縣而持之也，今俗語云挈帶，古叚借為契、栔字，如『爰挈我龜』，傳云：挈，開也。」

拑 qián　　脅持也。从手，甘聲。〔巨淹切〕

【注釋】

今「鉗制」之本字也。鉗、拑同源詞也。

段注：「謂脅制而持之也。凡脅之為制，猶膺之為當也。《鬼谷子》有飛鉆，鉆即拑字。」《說文》：「鉆，鐵銸也。」鉆非今钻（鑽）字，乃今鉗之古字。音渠金反，即 qián 音。

揲 shé　　閱持也。从手，枼聲。〔食折切〕

【注釋】

按一定的數，順次點查物品，分成等份，即「閱持」。

揲蓍，古人用數點蓍草莖的方法來占卜，以預測吉凶。《易・繫辭上》：「揲之以四，以象四時。」孔穎達疏：「分揲其蓍，皆以四四為數，以象四時。」朱熹《本義》：「揲，間而數之也。」常用義是折疊。

摯 zhì　　握持也。从手，从執。〔脂利切〕

【注釋】

本義是抓，引申出親密、誠懇義。「摯友」者，謂可以握手之友，親密之謂也。

段注：「《周禮》六贄字，許書作摯。又《鳥部》鷙鳥字，皆或叚摯為之。」

操 cāo　　把持也。从手，喿聲。〔七刀切〕

【注釋】

本義是用手拿著。

泛指操作，如「操舟」。名詞為操守、品德，引申義也。曹操，字孟德，名字相關也。琴曲亦名操，如龜山操。段注：「操重讀之曰節操、曰琴操，皆去聲。」

擢 jú（掬）　　爪持也。从手，瞿聲。〔臣鉉等曰：今俗別作掬，非是。〕〔居玉切〕

【注釋】

俗字作掬。

段注：「覆手曰爪，謂覆手持之也。徐鉉等曰：今俗別作掬。今按本部自有𦥑篆，掬其俗體耳，其義訓兩指撮，非訓爪持。」

捦 qín（擒）　　急持衣裣也。从手，金聲。〔巨今切〕 捦，或从禁。

【注釋】

後作擒。裣，後作襟。

搏 bó　　索持也。一曰：至也。从手，尃聲。〔補各切〕

【注釋】

今「逮捕」之本字也。《說文》：「捕，取也。」非本字明矣。

本義是抓取，「搏景」謂抓日影也。《黔之驢》：「虎終不敢搏。」又有捕捉義，《周禮》：「搏諜賊。」又有跳動義，今有「脈搏」。今搏之常用義是打擊，今有「搏擊」「搏鬥」「肉搏」。

段注：「《小司徒》注之『伺捕盜賊』，即《士師》注之『司搏盜賊』也。一用今字，一用古字。古捕盜字作搏，而房布反。本部搏、捕二篆皆收，捕訓取也。《又部》取下云：捕也。是與索持義迥別。今則捕行而搏廢，但訓為搏擊。

又按搏擊與索取無二義，凡搏擊者未有不乘其虛怯，扼其要害者，猶執盜賊必得其巢穴也，本無二義二音。至若《考工記》之搏埴，《虞書》之拊搏，此則拍字之叚借。」

據 jù（据）　　杖持也。从手，豦聲。〔居御切〕

【注釋】

今簡化作据，古俗字也。本義是依著、靠著，《莊子》：「據軾低頭，不能出氣。」今有「依據」「依仗」，同義連文。

段注：「杖者人所據，則凡所據皆曰杖。據或作据，《楊雄傳》：三摹九据。晉灼曰：据，今據字也。按何氏《公羊傳》注據亦皆作据，是叚借拮据字。」

攝 shè　　引持也。从手，聶聲。〔書涉切〕

【注釋】

常用義是拿過來，即引也。

今有「攝影」「攝人魂魄」，即拿過來也。攝又有拿取義，即持也，《戰國策》：「左挾彈，右攝丸。」引申保養義，今有「攝生」「攝養」，引申出代理義，今有「攝政王」。又有輔助義，如「攝之以良朋，教之以明師」。

又有整理義，《史記》：「沛公起，攝衣謝之。」又有收斂義，音韻學有 16 攝，即總括之義。「攝衽抱几」謂收斂衣襟也。又有逮捕義，《國語》：「攝少司馬與王士五人。」收有收斂、逮捕、吸引義，同步引申也。

段注：「凡云攝者皆整飭之意，《論語》：攝齎。《史記》：侯生攝弊衣冠。襄十四年《左傳》曰：不書者惰也，書者攝也。注云：能自攝整。《詩》：攝以威儀。傳曰：言相攝佐者以威儀也。《論語》：官事不攝。注云：攝猶兼也。皆引持之意。」

抩 tān　　並持也。从手，冄聲。〔他含切〕

【注釋】

俗作抩，並持兩物也。

段注：「謂兼二物而持之也。《秝部》曰：秉持一禾，兼持二禾。兼者，會意字。挶者，形聲字。挶與兼音略同。」

捬 pū　　捫持也。从手，布聲。〔普胡切〕

【注釋】

段注：「謂捫按而持之也。《金部》『鋪』下云：箸門捬首也。捬首者，人所捫摸處也。」今《說文》作「箸門鋪首也」，段改可從。

挾 xié　　俾持也。从手，夾聲。〔胡頰切〕

【注釋】

本義是夾持，如「挾泰山而超北海」。

引申攜同也，如「挾飛仙以遨遊」。引申懷有義，如「挾嫌」「挾恨」；引申有依仗、仗恃，《孟子》：「不挾長，不挾貴。」引申擁有義，《戰國策》：「而挾重器多也。」

捫 mén　　撫持也。从手，門聲。《詩》曰：莫捫朕舌。〔莫奔切〕

【注釋】

常用義是摸著，即撫也，今有「捫心自問」。

段注：「撫，安也，一曰：揗也。謂安揗而持之也。《大雅》：莫捫朕舌。傳曰：捫，持也。渾言不分也。若『王猛捫虱』之類，又專謂摩挲。」

擥 lǎn（攬）　　撮持也。从手，監聲。〔盧敢切〕

【注釋】

又作擥，俗字作攬，今簡化字作揽。

本義是抓取，即「撮持也」。毛澤東詩：「可上九天攬月。」攬，採摘也。今有「大權獨攬」，謂獨抓也。

擸 liè　　理持也。从手，巤聲。〔良涉切〕

【注釋】

用手整理。

握wò　　搤持也。从手，屋聲。〔於角切〕古文握。

【注釋】

本義是攥在手裹。量詞一握即一把也，《詩經》：「遺我握椒。」

撣dàn　　提持也。从手，單聲。讀若行遲驒驒。〔徒旱切〕

【注釋】

《廣雅》：「撣，提也。」此古義也。

段注：「提持猶縣持也，《太玄》：撣繫其名。撣訓觸，別一義。」又拂也，打去塵土，今有「撣衣服」「撣桌子」「雞毛撣子」。

把bǎ　　握也。从手，巴聲。〔搏下切〕

【注釋】

本義是握住，今有「把握」。引申有看守義，如「把門」「把風」。

搹è（扼）　　把也。从手，鬲聲。〔於革切〕搹，或从戹。

【注釋】

今通行重文扼，又作搤，異體字也。本義是掐住，今有「力能扼虎」，引申出控制義。

段注：「扼今隸變作扼，猶軛隸變作軛也。許云扼者，搹之或字，而鄭注《禮》云：搹，扼也。漢時少用搹，多用扼，故以今字釋古字，非於許有異也。」

拏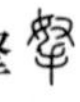ná（拿）　　牽引也。从手，奴聲。〔女加切〕

【注釋】

拏即拿字。本義即抓取，如「拏攫」。

通「挐」，有牽引義，《後漢書》：「禍拏未解，兵連不息。」拏有降服義，如「降妖拿魔」。今河南方言仍有該詞，如「他被老婆拿住了」。《說文》：「挐，持也。从手，如聲。」據段注，二篆當互調。

段注：「此與前文訓牽引之拏互訛也，今正。煩挐、紛挐字當从如，女居切。拏攫字當从奴，女加切。古音同在五部而形異，猶《糸部》有絮、絮二篆也。」

挐為牽引，拏為持，音義都不同，但後來二字經常混用，導致義項相互沾染。

攜 xié（携）　　提也。从手，巂聲。〔戶圭切〕

【注釋】

本義是提著。

《詩經》：「如取如攜。」引申出攜帶義，又有分離義，《廣雅》：「攜，離也。」今有「攜貳」，謂懷有二心，叛離也。段注：「古多叚為儶字。」

提 tí　　挈也。从手，是聲。〔杜兮切〕

【注釋】

本義是提著，引申有提拔義，如「提獎後輩」。引申率領義，今有「提兵前往」。攜、提、挈本義都是提著，都引申出帶領、率領義，同步引申也。

段注：「挈者，縣持也。攜則相併，提則有高下，而互相訓者，渾言之也。」

㧙 zhé　　拈也。从手，耴聲。〔丁愜切〕

拈 niān　　㧙也。从手，占聲。〔奴兼切〕

【注釋】

用手指取物，如「拈輕怕重」，「拈鬮」，即抓鬮也。少林寺工夫有拈花指。

摛 chī　　舒也。从手，离聲。〔丑知切〕

【注釋】

常用義是分開、分散。今故宮有摛藻堂，藏有《摛藻堂四庫全書薈要》。

段注：「《蜀都賦》：摛藻掞天庭。《魏都賦》：摛翰則華縱春葩。《太玄經》：幽攡萬類。字作攡。」

捨 shě（舍）　　釋也。从手，舍聲。〔書冶切〕

【注釋】

古捨、舍二字有別，舍本義是房子，後假借為捨棄，加手以示分別，今簡化漢字二字又歸併為一。段注：「按經傳多叚舍為之。」見「舍」字注。

擪 yè　一指按也。从手，猒聲。〔於協切〕

【注釋】

朱駿聲作「以指按也」，本義是用手指按。「擪脈」謂把脈也。《廣雅》：「擪，按也。」

段注：「《洞簫賦》：挹抐擫擶。李注：言中制也。《莊子》：外物擪其噦。一作壓。《南都賦》：彈琴擫籥。李注引《說文》。按擫、擫皆同擪。」

按 àn　下也。从手，安聲。〔烏旰切〕

【注釋】

本義是向下壓。

引申有壓抑、止住義，今有「按兵不動」；有考察義，今有「編者按（案）」「按（案）語」；有巡行義，今有「按行」；有於是義，《荀子》：「我按起而治之。」

控 kòng　引也。从手，空聲。《詩》曰：控于大邦。匈奴名引弓控弦。〔苦貢切〕

【注釋】

本義是拉開，詩有「將軍角弓不得控」，引申為控制。

控有告訴義，《詩經》：「控于大邦。」今有「控訴」「控告」，保留此義。又有投義，《逍遙遊》：「時則不至，控於地而已。」今有「投控」。控有控制、約束義，有勒馬義；勒也有此二義，同步引申也。如「勒馬步蘭皋，緤控息椒丘」。

段注：「引者，開弓也。引申之為凡引遠使近之稱。《詩》：控于大邦。傳曰：控，引也。此即《左傳》所謂控告也。又抑磬控忌，傳曰：騁馬曰磬，止馬曰控。按騁馬曰磬者，如《大明》傳之『俔，磬也』，極辭也。止馬曰控者，是亦引之使近之意也。」

揗 shǔn　摩也。从手，盾聲。〔食尹切〕

【注釋】

本義是撫摸。

段注：「《廣雅》曰：揗，順也。《廣韻》曰：手相安慰也。今人撫循字，古蓋作揗。循者，行順也。」

掾 yuàn　　緣也。从手，彖聲。〔以絹切〕

【注釋】

緣者，聲訓也。常用義是副官、佐吏的通稱，如「掾吏」「掾史」，或寫作「椽史」，典故有「三語椽」。

段注：「緣者，衣純也。引申為凡夤緣邊際之稱。掾者，緣其邊際而陳掾也，陳掾猶經營也。《易》卦辭曰彖，謂文王緣卦以得其義。然則彖者，掾之叚借字與？漢官有掾屬，正曰掾，副曰屬。漢舊注：東西曹掾比四百石，餘掾比三百石，屬比二百石。此等皆翼輔其旁者也，故曰掾。」

拍 pāi（拍）　　拊也。从手，百聲。〔普百切〕

【注釋】

今拍字也。拊者，敲打也。洦即泊，《說文》作洦，與此同。

段注：「《釋名》曰：拍，搏也。手搏其上也。按許釋搏曰索持，則古經搏訓拍者，字之叚借。《考工記》：搏埴之工。注曰：搏之言拍也。云之言者，見其義本不同也。」

拊 fǔ　　揗也。从手，付聲。〔芳武切〕

【注釋】

揗，撫摸也。本義是撫摩，《史記》：「因拊其背。」

常用義是敲、擊、拍，如「拊石」「拊鼓」，今有「拊手大笑」，謂拍手也。常用有撫慰、安撫義，《左傳》：「王巡三軍，拊而勉之。」引申有撫養義，《詩經》：「拊我畜我。」

段注：「揗者，摩也。古作拊揗，今作撫循，古今字也。《堯典》曰：擊石拊石。拊輕擊重，故分言之。又《皋陶謨》：搏拊，樂器名。《明堂位》作拊搏。」

掊 póu　　把也。今鹽官入水取鹽為掊。从手，咅聲。〔父溝切〕

【注釋】

本義是用手扒土。

《史記》:「見地如鉤狀，掊視得鼎。」「剖克」者，巧取剝削也。又量詞一捧，如「一掊土」。《爾雅》:「裒，聚也。」掊有聚集義，當通「裒」。常用義有擊打，《廣雅》:「掊，捶也。」今有「掊擊」。

段注:「杷，各本作把，今正。《木部》曰：杷者，收麥器也。引申為凡用手之稱。掊者，五指杷之，如杷之杷物也。《史》《漢》皆言掊視得鼎。師古曰：掊，手杷土也。杷音蒲巴反，其字从木。按今俗用之刨字也。」

捋 luō　　取易也。从手，寽聲。〔郎括切〕

【注釋】

易，輕也。取易謂用手輕輕地取。

段注:「按捋與寽二篆義別，寽見《受部》，云：五指寽也。五指寽者，如用指取禾采之穀是也，捋則訓取易而義不同。《詩》：薄言捋之，捋采其劉。傳曰：捋，取也。此捋之本義也。若董逌《詩詁》曰：以指歷取也。朱子《詩集傳》曰：捋取其子也。此於今之俗語求其義，而不知今之俗語，許書自有本字。凡訓詁之宜審慎如此。」

撩 liáo　　理也。从手，尞聲。〔洛蕭切〕

【注釋】

料理之本字也。段注:「今多作料量之料，《通俗文》曰：理亂謂之撩理。」

今作撩撥字，如「景色撩人」。蘇軾詞:「多情卻被無情惱。」惱即撩，非惱怒也。謂多情的行人我卻被無情的少女戲嬉聲所撩撥。官僚之本字當作寮。同僚者，同屋辦事之人也；猶同窗者，同窗讀書之人也。

措 cuò　　置也。从手，昔聲。〔倉故切〕

【注釋】

本義是放置安排，今有「措辭」「措不及手」。

典籍常用假借為錯，如「舉直錯諸枉，可以使枉直」。常用義有施行，今有「措施」。有籌劃辦理義，如「籌措款項」。又有廢棄、放棄義，正反同辭也。

段注：「置者，赦也。立之為置，舍之亦為置，措之義亦如是。經傳多假錯為之，《賈誼傳》假厝為之。」

插 chā　　刺肉也。从手，从臿。〔楚洽切〕

【注釋】

段注：「內各本作肉，今正。內者，入也。刺內者，刺入也。漢人注經多假捷字、扱字為之。」

掄 lún　　擇也。从手，侖聲。〔盧昆切〕

【注釋】

本義是選擇，科舉為「掄才大典」。

擇必有條理，從侖之字多有條理義，見前「倫」字注。今常用義是手臂用力旋動，如「掄刀」「掄拳」「掄大錘」。

段注：「《周禮》：凡邦工入山林而掄材，不禁。鄭注：掄猶擇也。按鄭意掄之本訓不為擇，故曰猶。」

擇 zé　　柬選也。从手，睪聲。〔丈伯切〕

【注釋】

择乃草書楷化字形。柬，選也，乃揀（拣）之初文，拣乃草書楷化字形。

引申有區別義，《孟子》：「牛羊何擇焉？」李斯《諫逐客書》：「泰山不拒細壤，故能成其高；江河不擇細流，故能成其深；王者不卻眾庶，故能明其德。」

拒、擇、卻，對文同義，皆扔掉、拒絕義。擇有選取、拋棄二相反義，正反同辭也。或認為是「釋」之假借，不妥。本字可通，不言通假。今「擇菜」謂取其精，去其殘。河南方言切除豬之生殖系統謂之「擇豬」，機軸一也。

捉 zhuō　　搤也。从手，足聲。一曰：握也。〔側角切〕

【注釋】

本義是握，如「捉筆」。捉拿、捉捕是後起義，大約在唐代才開始使用。上古捉人用捕或逮，捕還可用於其他動物，如「捕魚」。

搤 è　捉也。从手，益聲。〔於革切〕

【注釋】

扼之異體字，見「搹」字注。

挻 shān　長也。从手，从延，延亦聲。〔式連切〕

【注釋】

從延，聲兼義也。長者，延也。本義是延伸、延長也。又通「埏」，揉和也，《老子》:「埏埴以為器。」《經典釋文》本作「挻」。

段注:「《商頌》: 松桷有挻。傳曰：挻，長皃。此許所本也。《字林》云：挻，長也，丑連反。此又本許也。自寫《詩》者訛从木作梴，又以梴竄入《說文》木部，而終古長誤矣。若《老子》: 挻埴以為器，其訓和也，柔也，其音始然反，音羶，其俗字作埏，見於《詩》《老子》音義甚明，而今本訛舛。」

揃 jiǎn　搣也。从手，前聲。〔即淺切〕

【注釋】

剪下也，常「揃搣」連用。

搣 miè　批也。从手，威聲。〔亡列切〕

【注釋】

用手拔也。《廣韻》:「搣，手拔。」又摩也。

批 zǐ　捽也。从手，此聲。〔側氏切〕

【注釋】

拔也。常用義是打擊、擊殺。

揤 jí　捽也。从手，即聲。魏郡有揤裴侯國。〔子力切〕

【注釋】

抓住也。

捽 zuó　　持頭髮也。从手，卒聲。〔昨沒切〕

【注釋】

方言詞，揪、抓也，如「捽頭髮」「捽著不放」。又有拔義，如「捽草杷土」。又有抵觸、衝突義，如「相捽」。

撮 cuō　　四圭也。一曰：兩指撮也。从手，最聲。〔倉括切〕

【注釋】

段注改為「三指撮也」。

常用義是用手指抓取，多指顆粒物。《莊子》：「鴟鵂夜撮蚤。」泛指摘取義，今有「撮要」，謂提取要點也。又有聚集義，今有「撮合」。

六粟為一圭，十圭為一撮。撮為一升的千分之一。《漢書·律曆志》：「量多少者，不失圭撮。」常以「圭撮」表示很小的體積。《孫子算經》：「六粟為圭，十圭為撮，十撮為抄，十抄為勺，十勺為合，十合為升，十升為斗，十斗為石。」

𢫦 jū　　撮也。从手，𥳑省聲。〔居六切〕

【注釋】

掬之本字也。

摕 dì　　撮取也。从手，帶聲。讀若《詩》曰：螮蝀在東。〔都計切〕

摕，或从折，从示，兩手急持人也。

【注釋】

撮取，掠取。古又同「摭」，拾取。

捊 póu（抱、裒）　　引取也。从手，孚聲。〔步侯切〕 捊，或从包。〔臣鉉等曰：今作薄報切，以為褱裒字，非是。〕

【注釋】

俗作裒字，聚也。捊、抱本一字之異體，後分別異用。

裒有相反二常用義，《爾雅》：「裒，聚也。」又有減少義，今有「裒多益寡」。正反同辭也，此取於彼，則此多彼少矣。

段注：「《常棣》：原隰裒矣。傳云：裒，聚也。此重聚不重引，故不言引但言聚也。裒者，捊之俗。《易》：君子以裒多益寡。鄭、荀、董、蜀才作捊，云取也，此重引，故但言取也。古音孚聲、包聲同在三部，後人用抱為褱裹字，蓋古今字之不同如此。」

鵬按：「此重引，故但言取也」「此重聚不重引，故不言引但言聚也」等表述，段注已經隱涵了義素的思想。

揜 yǎn　自關以東謂取曰揜。一曰：覆也。从手，弇聲。〔衣檢切〕

【注釋】

覆而取之，捕取也。「一曰：覆也」，掩蓋也。

段注：「《廣雅》：掩，取也。字作掩。弇，蓋也。故从弇之揜為覆，凡《大學》：揜其不善，《中庸》：誠之不可揜，皆是。」

授 shòu　予也。从手，从受，受亦聲。〔殖酉切〕

承 chéng　奉也，受也。从手，从卪，从収。〔臣鉉等曰：謹節其事，承奉之義也，故从卪。〕〔署陵切〕

【注釋】

本義是承受。今有「奉承」者，猶謂捧著也。甲文作，李孝定《甲骨文字集釋》：「象兩手捧一人之形，捧之義也。」

承既有捧著義，《左傳》：「承飲而進獻。」又有承受義，今有「承命而來」。施受同辭也。又有敬詞義，相當於奉，白居易《與元九書》：「常欲承答來旨。」今有「承蒙」「承讓」。奉亦有此相反三義，同步引申也。

段注：「凡言承受、承順、承繼，皆奉之訓也。凡言或承之羞、承之以劍，皆相付之訓也。」

挋 zhèn　給也。从手，臣聲。一曰：約也。〔章刃切〕

【注釋】

本義是救濟，古同「賑」。

常用擦拭義，《爾雅》：「挋、拭、刷，清也。」如「乃沐櫛，挋用巾」。又有纏束義，即「一曰：約也」。

擡 jìn　　拭也。从手，堇聲。〔居焮切〕

【注釋】

擦拭也，今作為「拒」之異體。

攩 dǎng　　朋群也。从手，黨聲。〔多朗切〕

【注釋】

此「朋黨」之本字也。段注：「此鄉黨、黨與本字。俗用黨者，假借字也。」見前「黨」字注。

接 jiē　　交也。从手，妾聲。〔子葉切〕

【注釋】

今有「交接」。《孟子》：「兵刃既接，棄甲曳兵而走。」引申有接待義，今有「接遇賓客」「接客」。

抪 pō　　擡也。从手，宋聲。〔普活切〕

【注釋】

今「拂拭」之本字也。《說文》：「拂，過擊也。」本義是打擊，非本字明矣。段注：「今人用拂拭字當作此抪。拂者，過擊也，非其義。」

挏 dòng　　擁引也。漢有挏馬官，作馬酒。从手，同聲。〔徒總切〕

【注釋】

本義是搖動。

招 zhāo　　手呼也。从手、召。〔止搖切〕

【注釋】

手招曰招，口召曰召。

箭靶謂之招，《呂氏春秋》：「萬人操弓，共射其一招。」《戰國策》：「以其類為招。」招當是「的」之借，箭靶也。本王念孫說。

撫 fǔ　　安也。从手，無聲。一曰：揗也。〔芳武切〕 古文，从辵、亡。

【注釋】

本義是安撫。又摸也、按也、握也，「撫劍」即握劍也。又有敲打、拍打義，今有「撫掌而歌」，同「拊」。

捪 mín（抿）　　撫也。从手，昏聲。一曰：摹也。〔武巾切〕

【注釋】

俗作抿。擦也，如「抿淚」。段注：「今人所用拉字，許《土部》墀下所用撋字，皆即捪字也。」

揣 chuǎi　　量也。从手，耑聲。度高曰揣。一曰：捶之。〔徐鍇曰：此字與耑聲不相近，如喘、遄之類皆當从瑞省。〕〔初委切〕

【注釋】

量者，度量也，今有「揣度」「揣摩」。

徐鍇、徐鉉是宋代人，當時上古音研究尚不發達，二徐以當時音來衡量古代音，故往往有這類「音不相近」的表述。其實錯在二徐，不在許慎。

段注：「度高曰揣，《方言》同。《左傳》：揣高卑。杜注云：度高曰揣，度深曰仞。按《國語》：竱本肇末。竱，即《孟子》揣其本之揣，其義同也。」

抧 zhǐ　　開也。从手，只聲。讀若抵掌之抵。〔諸氏切〕

【注釋】

本義是開，常用打擊義。段注：「抵各本作抵，今正。抵，側手擊也。抵掌者，側此手擊彼手掌也。」

摜 guàn　　習也。从手，貫聲。《春秋傳》曰：摜瀆鬼神。〔古患切〕

【注釋】

今「習慣」之本字也。

《說文》無慣字。段注：「此與《辵部》遦音義皆同，古多假貫為之。」《說文》：「遦，習也。」習慣、習以為常，則不莊重嚴肅，故慣有此義。

投 tóu　　擿也。从手，从殳。〔度侯切〕

【注釋】

擿，今作擲字。

投有告訴、起訴義，今有「投控」「投訴」，保留此義。投常用義有扔掉、拋棄，《小爾雅》：「投，棄也。」今有「投筆從戎」。有合義，今有「情投意合」「投其所好」。又有接近義，今有「投明」「投暮」。又有跳義，今有「投河」。見下「擿」字注。

擿 zhì（擲）　　搔也。从手，適聲。一曰：投也。〔直隻切〕

【注釋】

本義是搔、撓，故下與「搔」「扴」篆連屬。《詩經》：「象之揥也。」毛傳：「揥所以摘發也。」《經典釋文》：「摘，一本作擿。」這裡的「摘」當是「擿」之俗省。

「一曰：投也」，今字作擲，凡古書投擲字皆作擿，許書無擲。擲有跳、騰躍義，如「虎擲龍拏」謂虎跳龍抓也。投物體即使物體跳躍出去，義相因也。投亦有跳義，同步引申也。

段注：「《詩》：象之揥也。傳曰：『揥所以摘髮也。』以象骨搔首，因以為飾，名之曰揥，故云所以擿髮。即後人玉導、玉搔頭之類也。《廣韻》曰：揥者，揥枝整髮釵。許書無揥。」

搔 sāo　　括也。从手，蚤聲。〔穌遭切〕

【注釋】

括也，段注改為「刮也」。刮，抓耙也，即抓撓義。段注可從。

段注：「括者，絜也，非其義。刮者，掊杷也。掊杷，正搔之訓也。《內則》：疾痛苛養，敬抑搔之。注曰：『抑，按。搔，摩也。』摩馬曰騷，其聲同也。又《疒部》：疥，搔瘍也。瘍之需手搔者，謂之搔瘍。俗作瘙瘍。」

扴 jiá　　刮也。从手，介聲。〔古黠切〕

【注釋】

搔也。

段注：「此與搔義同，刮小徐作括，訛，大徐不誤。《廣韻》曰：扴者，揩扴物也。《易》：介於石。馬本作扴，云：觸小石聲。按扴於石，謂摩礪於石也。」

摽 biào　　擊也。从手，票聲。一曰：挈門壯也。〔符少切〕

【注釋】

常用義降落也，《爾雅》：「摽，落也。」

《詩經》：「摽有梅，其實七兮。求我庶士，迨其吉兮。」梅子成熟後落下來，後「摽梅之年」比喻女子已到了出嫁的年齡。「杓」有打擊義，本字亦當作摽，《淮南子》：「待人者敗，為杓者死。」

挑 tiāo　　撓也。从手，兆聲。一曰：摷也。《國語》曰：郤至挑天。〔土凋切〕

【注釋】

本義是挑動、挑撥。今有「挑戰」「醉裏挑燈看劍」。段注：「挑者，謂撥動之，《左傳》云『挑戰』是也。」

抉 jué　　挑也。从手，夬聲。〔於說切〕

【注釋】

本義是挑出來、剔出來，《史記》：「抉吾眼懸吳東門之上。」今有「抉擇」，挑選也。

撓 náo　　擾也。从手，堯聲。一曰：捄也。〔奴巧切〕

【注釋】

本義是攪、攪動，《荀子》：「以指撓沸。」引申有擾亂義，今有「阻撓」。又有屈服義，今有「百折不撓」。

擾 rǎo（擾）　　煩也。从手，夒聲。〔而沼切〕

【注釋】

今作擾，簡化作扰。擾有亂義，形容詞，如「天下方擾」。「擾擾」，紛亂貌。擾有馴服義，此二義相反，正反同辭也。

段注：「訓馴之字，依許作㹛，而古書多擾。蓋擾得訓馴，猶亂得訓治，徂得訓存，苦得訓快，皆窮則變，變則通之理也。《周禮》注曰：擾猶馴也。言猶者，字本不訓馴。今作擾，从憂，俗字也。」

挶 jú　　戟持也。从手，局聲。〔居玉切〕

【注釋】

本義是握持。

据 jū　　戟挶也。从手，居聲。〔九魚切〕

【注釋】

戟挶者，今拮据也。

《鴟鴞》：「予手拮据。」毛傳：「拮据，戟挶也。」「拮据」本義是操作勞苦，以致手病，不能屈伸自如。據、据本二字，據是依據字，据是拮据字，二字有別，後簡化字歸併為一。

擖 qiā　　刮也。从手，葛聲。一曰：撻也。〔口八切〕

【注釋】

搔也。段注：「此與扴音義略同。」《廣雅》：「擖，搔也。」

擿 tì / zhāi　　拓果樹實也。从手，啻聲。一曰：指近之也。〔臣鉉等曰：當从適省乃得聲。〕〔他歷切〕，又〔竹厄切〕

【注釋】

本義是採摘。拓，摭之異體，拾取也。引申有選取義，今有「摘要」。「指摘」謂指出缺點。又有借義，今有「東摘西借」。

段注：「拓之謂之摘，引申之，凡他取亦曰摘。此篆與擿音義殊，他歷切，又竹歷切。按竹歷切，是也。他歷則為擿之音矣。」擿常作為摘之異體，摘亦作為擿之俗體，見上「擿」字注。

搳 xiá　　擖也。从手，害聲。〔胡秸切〕

摲 cán　　暫也。从手，斬聲。〔昨甘切〕

【注釋】

「暫也」，段注改作「斬取也」，《廣韻》作「摲，斬取也」。搴，拔取也，如「斬將搴旗」。摲、搴同源詞也。

拹 xié　　折也。从手，劦聲。一曰：拉也。〔虛業切〕

【注釋】

本義是折斷。

摺 zhé（折）　　敗也。从手，習聲。〔之涉切〕

【注釋】

本義是折斷。

《淮南子》：「摺肋傷幹。」後常作為「折」之異體字，表摺疊義，不表折斷，如「摺尺」「存摺」「一本四摺」。今簡化漢字廢。段注：「敗者，毀也。今義為折疊。」

揫 jiū　　束也。从手，秋聲。《詩》曰：百祿是揫。〔即由切〕

【注釋】

《爾雅》：「揫，聚也。」「揫」又為「䊝」之重文，見「䊝」字注。

摟 lōu　　曳聚也。从手，婁聲。〔洛侯切〕

【注釋】

先秦摟非摟抱義，而是拖拽義，《孟子》：「逾東家牆而摟其處子，則得妻。」趙注：「摟，牽也。」摟有聚集義，《爾雅》：「摟，聚也。」

段注：「《山有樞》曰：弗曳弗摟。傳曰：摟亦曳也。此曳訓所本也。曳者，臾曳也。《釋詁》曰：摟，聚也。此聚訓所本也。趙注《孟子》曰：摟，牽也。此曳義之引申也。」

抎 yǔn　　有所失也。《春秋傳》曰：抎子，辱矣。从手，云聲。〔于

敏切〕

【注釋】

本義是喪失，如「國家滅亡，抎失社稷」。

披 pī　　从旁持曰披。从手，皮聲。〔敷羈切〕

【注釋】

本義是從兩旁抓持。常用義是分開、分裂，今有「披荊斬棘」，本字當作「柀」。引申出閱讀義，因閱讀要分開書，今有「披閱」。

段注：「蓋俗解訓披為開，《廣韻》云：披，開也，分也，散也。《木部》柀，訓析也，柀靡字如此作。而淺人以披訓析，改柀靡為披靡，莫有能諟正者。」

㨖 chì（掣）　　引縱曰㨖。从手，瘛省聲。〔尺制切〕

【注釋】

今作掣。

本義即牽、拉，今有「掣肘」「掣後腿」「風馳電掣」「風掣紅旗凍不翻」。引申抽引義，今有「掣籤」，即抽籤也。「掣電」，電光閃過，猶電拉著也，比喻疾速，今有「風馳電掣」。

段注：「《爾雅》釋文作『引而縱之曰㨖』，按引縱者，謂宜遠而引之使近，宜近而縱之使遠，皆為牽掣也。不必如釋文所據《爾雅》曰：甹夆，掣曳也。俗字作撦、作扯，聲形皆異矣。俗作掣。」

掌 zì　　積也。《詩》曰：助我舉掌。一曰：搣頰旁也。从手，此聲。〔前智切〕

【注釋】

從此之字多有小義，見前「些」「柴」字注。本義是聚集。

段注：「《小雅・車攻》曰：助我舉柴。傳曰：柴，積也。箋云：雖不中，必助中者舉積禽也。柴，許所據作掌。」

許所舉或為三家詩，或許所見毛詩如此。崇毛而不廢三家也。

掉 diào　　搖也。从手，卓聲。《春秋傳》曰：尾大不掉。〔徒弔切〕

【注釋】

本義是搖動，今「尾大不掉」保留本義，「掉唇鼓舌」者，搖唇鼓舌也。段注：「掉者，搖之過也。搖者，掉之不及也。許渾言之。」

搖 yáo　　**動也。从手，䍃聲。〔余招切〕**

搈 róng　　**動搈也。从手，容聲。〔余隴切〕**

【注釋】

今「為之動容」之本字也。

擿 zhì　　**當也。从手，貳聲。〔直異切〕**

【注釋】

《廣雅》：「擿，當也。」桂馥義證：「『擿，當也』者，《廣雅》同。《玉篇》：擿，亦作值。」貳聲，聲兼義也。

揂 jiū　　**聚也。从手，酋聲。〔即由切〕**

【注釋】

遒亦有聚義，本字當作揂。遒，迫也，同源詞也。段注：「《商頌》：百祿是遒。傳曰：遒，聚也。按傳謂此遒為揂之假借字。」

掔 qiān（慳）　　**固也。从手，臤聲。讀若《詩》：赤舄掔掔。〔臣鉉等曰：別作慳，非是。〕〔苦閑切〕**

【注釋】

今「慳吝」之本字也。

段注：「掔之言堅也，緊也。謂手持之固也，俗用慳吝字。」從臤之字多有堅直義，如掔（牛很，不從引也）、緊（纏絲急也）、堅（剛也）、豎（剛也）。

捀 féng　　**奉也。从手，夆聲。〔敷容切〕**

擧 yú　　**對舉也。从手，輿聲。〔以諸切〕**

【注釋】

此輿抬之後起本字也。典籍中，輿有轎子義，如「肩輿」即轎子。輿亦有抬舉義。擧、擧實舉之後起俗字羼入《說文》者。

揚 yáng　　飛舉也。从手，昜聲。〔與章切〕 古文。

【注釋】

一句數讀，飛也，舉也。扬乃草書楷化字形。

引申出傳播、宣傳義，今有「揚聲器」；又有顯示義，今有「耀武揚威」；又指容貌出眾，今有「其貌不揚」；又指振作貌，今有「揚揚得意」。

舉 jǔ　　對舉也。从手，與聲。〔居許切〕

【注釋】

举乃草書楷化字形，同「学」「觉」等。

引申有檢舉、推舉義，「科舉」謂分科舉士也。《論衡》：「吏見知弗舉與同罪。」又行為也，今有「舉動」，《韓非子》：「舉行如此。」又攻下、佔領也，《韻會》：「舉，拔也。」拔亦攻取義。又全也，今有「舉國上下」。

段注：「一曰：輿也。小徐有此四字。按輿即舁，轉寫改之。《左傳》：使五人輿豭从己。舁之叚借也，舁者，共舉也。共者，非一人之辭也。舉之義亦或訓為舁，俗別作擧，羼入《說文》，音以諸切，非古也。」

掀 xiān　　舉出也。从手，欣聲。《春秋傳》曰：掀公出於淖。〔虛言切〕

【注釋】

本義是舉出，與今之掀起有別。段注：「掀之言軒也。」

揭 qì / jiē　　高舉也。从手，曷聲。〔去例切〕，又〔基竭切〕

【注釋】

本義是高舉，今有「揭竿而起」保留本義。

又泛指舉，如「上揭諸例」，即上面舉的例子。舉謂之揭，背、負、擔亦謂之揭。《廣雅》：「揭，負也。」王念孫疏證：「舉物謂之揭，負物亦謂之揭。」

拼 zhěng（拯）　　上舉也。从手，升聲。《易》曰：拼馬壯吉。〔蒸上切〕 拼，或从登。〔臣鉉等曰：今俗別作拯，非是。〕

【注釋】

今作拯字。

振 zhèn　　舉救也。从手，辰聲。一曰：奮也。〔章刃切〕

【注釋】

一句數讀。舉也，救也。「振臂一呼」者，舉臂一喊也。救者，如「振乏絕」，其字後作「賑」，今有「賑濟」。「一曰：奮也」，謂搖動、揮動也，今有「振筆直書」「振鐸」。

「奮」有舉義，如「陳王奮臂，為天下倡始」。有搖動、揮動義，今有「奮筆疾書」。有振奮義。「振」也有此三義，同步引申也。「振」有整頓義，《說文》：「豈，還師振旅樂也。」「震」「振」有別，見「震」字注。

段注：「諸史籍所云振給、振貣是其義也，凡振濟當作此字，俗作賑，非也。《匡謬正俗》言之詳矣。」

扛 gāng　　橫關對舉也。从手，工聲。〔古雙切〕

【注釋】

關，本義是門閂，舉鼎之木棒也叫關。

成語有「霸王扛鼎」，即把木棒（即鉉）插入鼎耳，抓杠而舉也。兩手舉物謂之扛，眾人抬物亦謂之扛，《後漢書》：「令十人扛之，猶不舉。」

段注：「以木橫持門戶曰關，凡大物而兩手對舉之曰扛。項羽力能扛鼎，謂鼎有耳，以木橫貫鼎耳而舉其兩端也。即無橫木而兩手舉之亦曰扛，即兩人以橫木對舉一物亦曰扛。」

扮 fěn　　握也。从手，分聲。讀若粉。〔房吻切〕

撟 jiǎo　　舉手也。从手，喬聲。一曰：撟，擅也。〔居少切〕

【注釋】

段注：「引申之，凡舉皆曰撟。古多假矯為之，陶淵明曰：時矯首而遐觀。王逸注《楚辭》曰：『矯，舉也。』擅，專也。凡矯詔當用此字。」

矯本義是矯正弓弩的器具，非本字明矣。

捎 shāo　　自關已西，凡取物之上者為撟捎。从手，肖聲。〔所交切〕

【注釋】

今有掠取、拂掠義，乃本義之引申也，如「花妥鶯捎蝶」。引申擊也，張衡《東京賦》：「捎魑魅，斫獝狂。」引申芟除也，《史記》：「以夜捎兔絲去之。」古代的捎無捎帶義。

段注：「取物之上，謂取物之顛也。捎之言梢也。撟捎，按今俗語云捎帶是也。」從肖之字多有末梢義，見前「肖」「哨」字注。

⿰扌雝 yōng（擁）　　抱也。从手，雝聲。〔於隴切〕

【注釋】

雍乃雝之隸變俗字。⿰扌雝俗字作擁，今簡體字作拥，乃擁之另造之俗字也。

本義是抱，如「擁抱」。引申出圍著，今有「擁被而眠」「前呼後擁」。又阻塞義，今有「擁擠」；又保護義，今有「擁護」。又持有義，今有「擁兵百萬」。又持也，拿也，如「擁火而入」。

擩 rǔ　　染也。从手，需聲。《周禮》：六曰擩祭。〔而主切〕

【注釋】

今「耳濡目染」之本字也，濡，濕也。濡本義是水名，非本字明矣。

揄 yú　　引也。从手，俞聲。〔羊朱切〕

【注釋】

本義是牽引，引申為提拔。「揄揚」者，宣揚、稱讚也。

段注：「《史記》：揄長袂。《廣韻》：揄揚，詭言也。皆其引申之義。《大雅》：或舂或揄。叚揄為舀也。」

擎 pán　　擎擭，不正也。从手，般聲。〔薄官切〕

擭 wò　　擎擭也。一曰：布擭也。一曰：握也。从手，蒦聲。〔一虢切〕

【注釋】

布擭，散佈，布滿也。常用義是裝有機關的捕獸木籠。又為「獲」之俗字，捕獲也。蓋即「一曰：握也」，淺人所增。

段注：「一曰：布擭也，此即今之布濩字也。劉逵注《吳都賦》曰：布濩，遍滿皃。」

拚 biàn（抃）　　拊手也。从手，弁聲。〔皮變切〕

【注釋】

卞乃弁之隸變俗字。拚今作抃。

段注：「此不但言拊，言拊手者，謂兩手相拍也。今人謂歡拚是也。」

拚今音 pàn，有掃除義，《禮記》：「掃席前曰拚。」又寫作「擹」。常用義捨棄、豁出去，「拚命」謂豁出性命。

擅 shàn　　專也。从手，亶聲。〔時戰切〕

【注釋】

今有「擅自」。「擅長」者，專長也。引申之自作主張謂之擅，今有「專擅」「擅自處理」。擁有、據有亦謂之擅，如「擅其利」，猶言專其利也。

揆 kuí　　葵也。从手，癸聲。〔求癸切〕

【注釋】

段注改為「度也」，本義是揆度。

《小雅》：「天子葵之。」傳曰：「葵，揆也。」謂假葵為揆也。引申出管理、掌管義，如「以揆百事」。指總理政務的人，如「閣揆」「百揆」謂宰相也。又引申出準則義，如「古今一揆，千載一理」。

擬 nǐ（拟）　　度也。从手，疑聲。〔魚己切〕

【注釋】

本義是考慮。

引申有打算義，李清照詞：「也擬泛輕舟。」今有「擬錄取」。擬有比義，今有「比擬」「擬人」，保留此義。引申為模仿，如「擬作」。引申為初步設置，今有「擬稿」「擬定」。

損 sǔn　　**減也。从手，員聲。〔穌本切〕**

【注釋】

本義是減少，如「貶損」「減損」，「損抑」謂退讓也。損失義乃引申義。

失 shī　　**縱也。从手，乙聲。〔式質切〕**

【注釋】

此亡佚之本字也。

段注：「在手而逸去為失。《兔部》曰：逸，失也。古多假為逸去之逸，亦假為淫泆之泆。」引申出失控，禁不住，今有「失聲痛哭」。「失喜」謂禁不住歡喜。

捝 tuō　　**解捝也。从手，兌聲。〔他括切〕**

【注釋】

此「解脫」之本字也。《說文》：「脫，消肉臞也。」非本字明矣。

段注：「此義少有用者，今俗用為分散、遺失之義，分散之義當用捝。今人多用脫，古則用捝，是則古今字之異也，今脫行而捝廢矣。」

撥 bō　　**治也。从手，發聲。〔北末切〕**

【注釋】

今簡化字作拨，发乃發之草書楷化俗字也。

今「撥亂反正」保留本義，謂治理亂世，反之於正。撥常用義是除去，如「秦撥去古文」。《廣雅》：「播，棄也。」又有不正義，《荀子》：「不能以撥弓曲矢中微。」

段注：「《公羊傳》：撥亂世，反諸正。何注曰：撥猶治也。何言猶者，何意撥之本義非治，撥之所以為治也，許則直云治。」

挹 yì　抒也。从手，邑聲。〔於汲切〕

【注釋】

本義是舀取。

《詩經》:「唯北有斗，不可以挹酒漿。」「挹注」謂從有餘的地方舀出來，以補不足。挹者，拉也，郭璞《遊仙詩》:「左挹浮五袖，右拍洪崖肩。」引申出提攜義，今有「大加獎挹」，謂提攜也。

「挹」通「抑」，有抑制義，如「挹損」。引申有謙退義，如「降挹」。牽拉與抑制義相反也，這類正反同辭是由假借所致，與純粹的施受同辭有別。

抒 shū　挹也。从手，予聲。〔神與切〕

【注釋】

本義是舀取。今作疏散義，本字當作紓。段注:「《左傳》：難必抒矣。此假抒為紓，紓者，緩也。」

抯 zhā　挹也。从手，且聲。讀若樝棃之樝。〔側加切〕

【注釋】

常用義取也，《廣雅》:「抯，取也。」

段注:「《方言》曰：抯、摣，取也。南楚之間凡取物溝泥中謂之抯，亦謂之摣。按《方言》抯、摣實一字也，故許有抯無摣。」

攫 jué　扟也。从手，矍聲。〔居縛切〕

【注釋】

本義是抓取。《蒼頡篇》:「攫，搏也。」《通俗文》:「手把曰攫。」泛指奪取，今有「攫取」。

扟 shēn　从上挹也。从手，卂聲。讀若莘。〔所臻切〕

【注釋】

從上挹取或擇取，《通俗文》:「從上取曰扟。」

拓 zhí（摭）　　拾也，陳、宋語。从手，石聲。〔之石切〕 拓，或从庶。

【注釋】

今通行重文摭，拾取也，常「攈摭」連用。《漢・刑法志》：「蕭何攈摭秦法，取其宜於時者，作律九章。」開拓之本字當作祏。

段注：「祏之引申為推廣之義。《廣雅・釋詁》曰：祏，大也。今字作開拓，拓行而祏廢矣。摘下云：拓果樹實也。《儀禮》摭，古文作摕，此實非一字，因雙聲而異。《方言》：摭，取也。陳宋之間曰摭。」

拓，音 tuò，舉也，推也。《廣韻》：「拓，手承物也。」《集韻》：「拓，手推物。」《列子・說符》：「孔子之勁，能拓國門之關，而不肯以力聞。」杜甫詩：「酣歌罷酒拓金戟。」

攈 jùn（捃）　　拾也。从手，麇聲。〔居運切〕

【注釋】

亦作捃、攟。拾取也，「捃摭」謂搜集也。段注：「《魯語》：收攟而烝。韋云：攟，拾也。亦作捃。」

拾 shí　　掇也。从手，合聲。〔是執切〕

【注釋】

《曲禮》：「拾級聚足。」鄭玄注：「拾讀為涉，聲之誤也。」此通「涉」，歷也，經由也。今「拾級而上」者，逐級而上也。

又指射韝，古代射箭時用的皮製護袖。《禮記・曲禮下》：「野外軍中無摯，以纓、拾、矢可也。」鄭玄注：「拾，謂射韝。」清虞兆漋《天香樓偶得・捍、拾、遂》：「凡射用韜左臂以利弦者，韋為之，一謂之捍，一謂之拾，一謂之遂，一物而三名也。」

掇 duó　　拾取也。从手，叕聲。〔都括切〕

【注釋】

《詩經》：「薄言掇之。」拾取也。

擐 huàn　貫也。从手，瞏聲。《春秋傳》曰：擐甲執兵。〔胡慣切〕

【注釋】

穿也，「擐甲」即穿上鎧甲。

揯 gēng　引急也。从手，恒聲。〔古恒切〕

【注釋】

今絙（緪）有急義，本字當作揯。緪之本義是大繩索，今河南方言仍有此語，非本字明矣。《淮南書》：「大絃揯則小絃絕。」

摍 suō　蹴引也。从手，宿聲。〔所六切〕

【注釋】

抽引也。

今縮小之本字也，《說文》：「縮，亂也。」非本字明矣。段注：「《釋詁》曰：縮，亂也。《通俗文》云：物不申曰縮。不申則亂，故曰亂也。」段注認為是引申，稍嫌牽強。

段注：「蹴猶迫也，古多叚戚為之。蹴引者，蹴迫而引取之。摍古叚縮為之，《戰國策》：淖齒管齊之權，縮閔王之筋，縣之廟梁，宿昔而死。亦即摍字。摍屋，即《左傳》所謂抽屋也。」

摢 qián　相援也。从手，虔聲。〔巨言切〕

援 yuán　引也。从手，爰聲。〔雨元切〕

【注釋】

援者，拉也。如「男女授受不親，經也；嫂溺援之以手，權也」。植物有「攀援莖」，今有「援引」。援助乃引申義。「援之以手」猶拉人一把也。對自己而言是拉，對別人而言是助，故引申出援助義。

引申有拿過來，又引用、引證，今有「援例」，劉知幾《史通》：「或援誓以表心。」又有引、領來義，《史記》：「援上黨之兵。」非援助也，乃領來也。此亦正反二義。

段注：「《大雅》：以爾鉤援。毛傳：鉤援。鉤，鉤梯也，所以鉤引上城者。又無然畔援，傳曰：無是畔道，無是援取。」

搯 chōu（抽）　　引也。从手，留聲。〔敕鳩切〕 搯，或从由。 搯，或从秀。

【注釋】

今通行重文抽字。

籀字從搯聲。本義是抽出、拔出，引申植物出芽穗，如「草以春抽」，今有「抽穗」。引申除掉義，《詩經》：「楚楚者茨，言抽其棘。」

段注：「秀字古本當不出，篆體偏旁作秀，則可證古於偏旁不諱也。」

擢 zhuó　　引也。从手，翟聲。〔直角切〕

【注釋】

擢，拔也，今有「拔擢」。「擢用」，往上牽引也。「擢髮難數」，猶罄竹難書也。又植物滋長義，如「擢榦」，猶長榦也。

段注：「毛傳曰：楫所以擢舟也。擢舟，謂引舟也。」櫂乃後起字。

拔 bá　　擢也。从手，犮聲。〔蒲八切〕

【注釋】

本義是拔出，引申突出超出義，如「勢拔五嶽掩赤城」。今有「海拔」「出類拔萃」。引申攻取，如「取地拔城」。拔多指提拔原來無官之人，擢多指提升。

揠 yà　　拔也。从手，匽聲。〔烏黠切〕

【注釋】

成語有「揠苗助長」。引申出提拔、提升義。段注：「《方言》：揠、擢、拂、戎，拔也。自關而西或曰拔，東齊海岱之間曰揠。」

擣 dǎo（搗）　　手推也。一曰：築也。从手，𠷎聲。〔都皓切〕

【注釋】

今作搗。用手捶擊，引申出攻擊、攻打，今有「批亢搗虛」。

攣 luán　　係也。从手，䜌聲。〔呂員切〕

【注釋】

今簡化作挛，草書楷化字形也。

本義是連在一起，《周易》:「有孚攣如，不獨富也。」常用義是蜷曲不能伸直，今有「痙攣」。攣、彎、戀同源詞也。

段注:「《易·小畜》: 有孚攣如。馬曰:連也。虞曰:引也。攣者，係而引之，其義近擢。」

挺 tǐng　　拔也。从手，廷聲。〔徒鼎切〕

【注釋】

本義是拔出，今有「挺拔」。引申有突出義，今有「挺身而出」。從廷之字多有直義，挺亦有直義，今有「挺直」。作量詞表直的東西，猶根也。

挺者，出也。出有生義，故挺亦有生義，左思《蜀都賦》:「旁挺龍目，側生荔枝。」同步引申也。引申有寬緩義，今有「挺緩」。挺，停也。今河南方言有「你挺幾天再去」，謂緩幾天再去。

段注:「《左傳》: 周道挺挺，直也。《月令》: 挺重囚，寬也。皆引申之義。」

搴 qiān（搴）　　拔取也，南楚語。从手，寒聲。《楚辭》曰：朝搴批之木蘭。〔九輦切〕

【注釋】

今作搴，拔取也，如「搴旗斬將之大功」。常通「褰」，揭起、撩起也。

段注:「《莊子·至樂篇》: 攓蓬而取之。司馬注曰:攓，拔也。《方言》曰:攓，取也。南楚曰攓。又曰:楚謂之攓。搴、攓二通。」

探 tàn　　遠取之也。从手，罙聲。〔他含切〕

【注釋】

探者，深也。深入而取之也。引申有測量義，今有「勘探」。引申有偵查打聽義，今有「探子」。段注:「探之言深也。《易》曰:探嘖索隱。」

撢 tàn　　探也。从手，覃聲。〔他紺切〕

【注釋】

從覃之字多有深義，見前「潭」字注。

段注：「《周禮・撢人》：掌撢序王意以語天下。《釋文》曰：與探同。按許書，則義同而各自為字。」

挼 ruó（挼）　推也。从手，委聲。一曰：兩手相切摩也。〔臣鉉等曰：今俗作挼，非是。〕〔奴禾切〕

【注釋】

今作挼，常用義是搓揉，如「兩手自相挼」。又有皺縮義，如「那張紙挼了」。

撆 piē（撇）　別也。一曰：擊也。从手，敝聲。〔芳滅切〕

【注釋】

用手分開，今作撇，拋開也，今俗有「撇開這個不說」。「別也」，段注改為「飾也」，飾者，拭也。

摵 hàn（撼）　搖也。从手，咸聲。〔臣鉉等曰：今別作撼，非是。〕〔胡感切〕

【注釋】

今作撼，動也。引申用言語打動人，《宋史》：「微言撼之。」動亦有此二義，同步引申也。段注：「搖，宋本作擂，誤。」

搦 nuò　按也。从手，弱聲。〔尼革切〕

【注釋】

本義是按壓，左思《魏都賦》：「搦秦起趙。」

常用義是握著，如「搦筆」「搦管」，猶執筆也。又有磨義，如「搦朽磨鈍」。又有挑動、引逗義，今有「搦戰」，常見於早期古白話。

段注：「《周禮・矢人》：橈之以視其鴻殺之稱。注曰：橈搦其榦，謂按下之令曲，則強弱見矣。《玄應書》曰：搦猶捉也。此今義，非古義也，古義搦同橈。」

掎 jǐ　偏引也。从手，奇聲。〔居綺切〕

【注釋】

本義是抓住、拖住、牽制，《漢書》：「昔秦失其鹿，劉季逐而掎之。」今有「掎角」，謂分兵牽制也。從奇之字多有單、偏義，見前「踦」字注。

又有發射義，班固《兩都賦》：「機不虛掎，弦不再控。」《詩經》：「伐木掎矣。」傳曰：「伐木者掎其顛。」正是偏向一方拉拽義，今農村伐樹仍用一繩子捆於樹上部，眾人拽之使倒。

揮 huī　　奮也。从手，軍聲。〔許歸切〕

【注釋】

本義是搖動，如「揮手」。「揮」有甩出去，散出去義，今有「揮金如土」「揮汗如雨」。段注：「奮下曰：翬也。翬下曰：大飛也。此云奮也，揮與翬義略同。」

「揮霍」，急速的樣子，古代「揮霍」不作亂花錢講。「奮飛」即高飛、快飛，故揮有快速義。霍亦有快速義，本義是鳥飛的聲音。閃電謂之霍，「霍亂」是急性腸胃病，均得名於快。

摩 mó　　研也。从手，麻聲。〔莫婆切〕

【注釋】

此動詞磨之本字也。本義是磨，今有「研摩」，同義連文。《說文》：「礳，石磑也。」此名詞磨字也。

「摩」之常用義，撫摸也，如「撫摩」「按摩」。「摩挲」謂用手撫摩。摩擦也，今有「摩肩接踵」。引申有接近義，今有「摩天大樓」「日摩西山」。又有體會、揣測義，今有「揣摩」。

段注：「凡《毛詩》《爾雅》：如琢如摩，《周禮》刮摩字多从手，俗从石作磨，不可通。」

捭 pī（批）　　反手擊也。从手，𣬈聲。〔匹齊切〕

【注釋】

今作批，本義是用手打。泛指打擊，今有「批亢搗虛」。引申有排除、削除義，如「批患折難」。又有削義，杜甫詩：「頭上銳耳批秋竹。」

段注：「《左傳》曰：宋萬遇仇牧於門，捭而殺之。《玉篇》所引如是，今《左傳》

作批，俗字也。」

攪 jiǎo　　亂也。从手，覺聲。《詩》曰：祇攪我心。〔古巧切〕

【注釋】

本義是擾亂，今有「攪擾」「攪亂」。攪拌是後起義。

搑 róng　　推擣也。从手，茸聲。〔而隴切〕

【注釋】

段注：「《漢書》：而僕又茸以蠶室。師古曰：茸，音人勇反，推也，謂推致蠶室之中也。如顏說，則茸者搑之假借字。」

撞 zhuàng　　卂擣也。从手，童聲。〔宅江切〕

【注釋】

卂，迅之初文。迅速地擣。

捆 yīn　　就也。从手，因聲。〔於真切〕

扔 rēng　　因也。从手，乃聲。〔如乘切〕

【注釋】

《爾雅》：「仍，因也。」仍有屢次、多次義，扔乃後起本字也。今常用義是扔掉。

段注：「扔與仍音義同。《老子》曰：為之而莫之應，則攘臂而扔之。」

括 kuò　　絜也。从手，昏聲。〔古活切〕

【注釋】

本義是捆絜、捆束。

今有「總括」，同義連文，總亦捆絜義。「括約肌」亦保留本義。引申出包含義，今有「囊括」。又搜尋義，今有「搜括」。引申之，指箭的末端扣弦處，通「筈」，《說文》：「矢，弓弩矢也。象鏑括羽之形。」或作「栝」。

段注：「絜者，麻一端也，引申為絜束之絜。凡物圍度之曰絜，賈子『度長絜大』是也。束之亦曰絜，凡經言括髮者，皆謂束髮也。《髟部》曰：髻者，絜髮也。然則束髮曰髻，括為凡物總會之稱。」

抲 hē　　抲撝也。从手，可聲。《周書》曰：盡執抲。〔虎何切〕

擘 bò　　撝也。从手，辟聲。〔博厄切〕

【注釋】

本義是分開、掰開。今有「巨擘」者，大拇指也，後比喻某方面的能手。

段注：「今俗語謂裂之曰擘開，其字如此。巨擘，謂手大指也。凡大指主開，余四指主合，故謂之巨擘。」

撝 huī　　裂也 [1]。从手，為聲。一曰：手指也 [2]。〔許歸切〕

【注釋】

［1］今簡化作㧑。本義是剖開、破開。

段注：「《曲禮》：為國君削瓜者華之。注曰：『華，中裂之也。』華音如花，撝古音如呵，故知華即撝之假借也。《易》：撝謙。馬曰：撝猶離也。按撝謙者，溥散其謙，無所往而不用謙，裂義之引申也。凡指撝當作此字。」

［2］乃今「指揮」之本字也。《說文》：「揮，奮也。」本義是奮翅高飛，非本字明矣。

常「指撝」連用，又所指、意向也，《說文・序》：「會意者，比類合誼，以見指撝。」又有謙遜義，如「撝謙」，語本《周易》。明人有趙撝謙，著《六書本義》。撝本裂義，「撝謙」常連用，久之，沾染了謙遜義。見「侃」字注。

捇 huò　　裂也。从手，赤聲。〔呼麥切〕

【注釋】

捇、豁，同源詞也。段注：「《周禮》有赤犮氏。注云：赤犮猶捇拔也。捇拔，蓋漢時有此語。」

扐 lè　　《易》：筮再扐而後卦。从手，力聲。〔盧則切〕

【注釋】

古代數蓍草占卜，將零數夾在手指中間稱「扐」。常用義為手指之間，如「歸奇於扐以像閏」。又指餘數。

技 jì　　巧也。从手，支聲。〔渠綺切〕

【注釋】

本義是技術、技巧。引申為工匠義，「百技」謂百工也。段注：「古多叚伎為技能字，《人部》曰：伎，與也。」

摹 mó　　規也。从手，莫聲。〔莫胡切〕

【注釋】

本義是法度，引申為模仿、效法。規亦有此二義，同步引申也。

段注：「規者，有法度也，以法度度之亦曰規。《廣韻》曰：『摹者，以手摹也。』或手在旁作摸，今人謂之摸索，實一字。摹與模義略同。」

《說文》無摸，後分別異用。書法有所謂描、摹、臨。描者，描紅也。用筆直接在帶槽的紅字上順著筆劃寫；摹者，蒙也。用透明紙蒙在帖上，在上面寫；臨者，臨帖也，謂看著帖寫字。此練書法之三步也。

拙 zhuō　　不巧也。从手，出聲。〔職說切〕

【注釋】

本義是笨。謙稱自己的為拙，如「拙著」「拙作」「拙荊」。

揩 tà　　縫指揩也。一曰：韜也。从手，沓聲。讀若眔。〔徒合切〕

【注釋】

古代縫紉時，用皮革做的一種指套，戴在指上以防針刺。泛指皮套子。

段注：「縫指揩者，謂以針紩衣之人恐針之絜其指，用韋為箍韜於指以藉之也。揩之言重沓也，射韝亦謂之臂揩。」

摶 tuán　　圜也。从手，專聲。〔度官切〕

【注釋】

抟乃草書楷化字形。

本義是團成團，《禮記》：「勿摶飯。」引申為聚集義，《商君書》：「國力摶者強。」又有圓義，《九章》：「圜果摶兮。」從專之字多有圓、團之義，見前「溥」字注。

段注：「因而凡物之圜者曰摶，如《考工記》：摶以行石、摶身而鴻、相笴欲生而摶，是也。俗字作團，古亦借為專壹字，《左傳》云：若琴瑟之摶壹，《秦琅邪臺刻石》曰：摶心揖志，是也。專壹，許《女部》作嫥壹。」

捆 hú　　手推之也。从手，圂聲。〔戶骨切〕

捄 jū　　盛土於梩中也。一曰：擾也。《詩》曰：捄之陾陾。从手，求聲。〔舉朱切〕

【注釋】

徐鍇曰：「梩，盛土之器也。」本義是盛土於器。

又彎曲貌，《詩經》：「有捄棘匕。」古書常作為「救」之異體，見《集韻》。《詩經》：「匍匐救之。」一本作捄。從求之字多有聚集義，見前「梂」字注。

拮 jié　　手口共有所作也。从手，吉聲。《詩》曰：予手拮据。〔古屑切〕

【注釋】

見前「据」字注。「拮据」本指操作辛苦，又指生活困窘。

段注：「《豳風》：予手拮据。傳曰：『拮据，撠挶也。手病口病故能免於大鳥之難。』《韓詩》曰：口足為事曰拮据。韓之足，即毛之手也。許蓋合毛、韓為此訓。」

搰 hú　　掘也。从手，骨聲。〔戶骨切〕

【注釋】

本義是挖掘。又有攪濁義，「搰搰」用力貌，同「矻矻」。

段注：「《吳語》：夫諺曰：狐埋之而狐搰之，是以無成功。韋注：搰，發也。《玉篇》云：《左傳》：搰褚師定子之墓。本亦作掘。」

掘 jué　　搰也。从手，屈聲。〔衢勿切〕

【注釋】

段注：「按凡字書、韻書謂掘亦作闕者，似是而非也。《左傳》：闕地及泉，闕地下冰而床焉。《國語》：闕為深溝，通於商魯之間。韋云：闕，穿也。凡云闕者，皆謂空之，與掘義別。」

掩 yǎn　　斂也，小上曰掩。从手，奄聲。〔衣檢切〕

【注釋】

從奄之字、之音多有收斂、覆蓋義，見前「俺」字注。

常用有關、合義，今有「掩卷」，即合上書也。又有乘其不備、忽然義，今有「掩殺」「掩取」。段注：「《釋器》：圜弇上謂之鼏。弇上當作掩上。」

摡 gài　　滌也。从手，既聲。《詩》曰：摡之釜鬵。〔古代切〕

【注釋】

今「溉洗」之本字也，今《詩經》作「溉」字。《說文》：「溉，水也。一曰：灌注也。」非本字明矣。

段注：「《詩》：摡之釜鬵。傳曰：摡，滌也。今本作溉者，非。凡《周禮》《禮經》摡字本皆从手，《釋文》不誤，而俗本多訛。」

揟 xū　　取水沮也。从手，胥聲。武威有揟次縣。〔相居切〕

【注釋】

過濾水。

段注：「沮，《玉篇》《廣韻》作具，非也。取水之具或以木，或以瓦、缶，則製字不當从手矣。沮，今之渣字。《集韻・九麻》曰：『柞，滓也，亦作渣。』取水渣者，必濬之漉之，如釃酒然。」

播 bō　　種也。一曰：布也。从手，番聲。〔補過切〕古文播。

【注釋】

本義是播種。

常用義是分散、分布。播，分也，《尚書》：「又北播為九河。」引申為遷徙、流亡義，如「播蕩」「播遷」。引申有捨棄義，如「播規矩以背度」。《尚書》：「播棄黎老。」段注：「《九歌》：𥝢芳椒兮成堂。補注：𥝢，古播字。」

挃 zhì　　獲禾聲也。从手，至聲。《詩》曰：獲之挃挃。〔陟栗切〕

【注釋】

本義是用鐮刀收割穀物的聲音。鐮刀謂之銍，同源詞也。又搗也，撞也。

掔 zhì　　刺也。从手，致聲。一曰：刺之財至也。〔陟利切〕

【注釋】

常用義有二：刺也；至也。財至者，才至也，故引申至義。段注：「《方言》曰：掔，到也。《廣雅》曰：掔，至也。」

扤 wù　　動也。从手，兀聲。〔五忽切〕

【注釋】

動也，搖也，《詩經》：「天之扤我，如不我克。」毛傳：「扤，動也。」鄭玄箋：「天以風雨動搖我。」又扼也，掐住，清袁枚《新齊諧·王莽時蛇冤》：「我峨嵋山蟒蛇，尋汝二千年，方得汝，自以手扤其吭，氣將盡。」

抈 yuè　　折也。从手，月聲。〔魚厥切〕

【注釋】

本義是折斷。刖是斷腳，同源詞也。

段注：「《晉語》：其為本也固矣，故不可抈也。韋云：抈，動也。按：依韋注，是謂此抈為扤之叚借字也，其本義則訓折。」

摎 jiū　　縛殺也。从手，翏聲。〔居求切〕

【注釋】

常用義纏繞也，如「摎結」。求也，《後漢書》：「摎天道其焉如？」

段注：「縛殺者，凡以繩帛等物殺人者，曰縛殺，亦曰摎，亦曰絞。今之絞罪，即古所謂摎也。引申之，凡繩帛等物二股互交，皆得曰摎，曰絞，曰糾。凡縣死者曰縊，亦曰雉經。《廣韻》曰：摎者，絞縛殺也。多絞字為長。」

撻 tà　鄉飲酒，罰不敬，撻其背。从手，達聲。〔他達切〕 古文撻。《周書》曰：遽以記之。

【注釋】

本義是打，今有「鞭撻」。

掕 líng　止馬也。从手，夌聲。〔里甑切〕

【注釋】

段注：「掕馬，猶勒馬也。疑《易》：拯馬壯，拯乃掕之叚借。」

抨 pēng　撣也。从手，平聲。〔普耕切〕

【注釋】

段注改作彈，曰：「彈者，開弓也，開弓者，弦必反於直，故凡有所糾正謂之彈。《廣雅》曰：彈，拼也。拼即抨。」今有「抨擊」，猶「彈劾」也。

捲 juǎn（卷）　气勢也。从手，卷聲。《國語》曰：有捲勇。一曰：捲，收也。〔臣鉉等曰：今俗作居轉切，以為捲舒之捲。〕〔巨員切〕

【注釋】

《詩經》「無拳無勇」之本字也，本義是氣勢、勇力。

段注：「一曰：捲，收也。此別一義，即今人所用舒卷字也。《論語》：卷而懷之。叚卷字為之。《廣韻》『書弮』字亦當作捲，此義音居轉切。」後卷、捲混用，簡化漢字廢捲。

扱 xī　收也。从手，及聲。〔楚洽切〕

【注釋】

本義是收取。吸、汲，同源詞也。此實「吸收」之本字也。《說文》：「吸，內息也。」本義是呼吸，非本字明矣。扱從手，收從攴，義相類也。

段注：「《曲禮》：以箕自鄉而扱之。此扱之本義也。《儀禮》注云：扱柶。此插之叚借字也。」扱古同「插」。

摷 jiǎo　拘擊也。从手，巢聲。〔子小切〕

【注釋】

拘，止也。

段注：「謂拘止而擊之也。《集韻》《類篇》作擊也，拘也。非是。又謂此即鈔之別體，亦非許意也。《漢書》：命摷絕而不長。叚摷為剿也。」

挨 āi　擊背也。从手，矣聲。〔於駭切〕

【注釋】

本義是以手擊背，泛指擊打。

《廣雅》：「挨，打也。」常用義是承受、遭受，今有「挨打」「挨罵」。又有靠近義，今有「挨近」。近代漢語中，挨有擠義，《紅樓夢》：「寶玉挨身而入。」或「挨擠」連文。

撲 pū（扑）　挨也。从手，菐聲。〔蒲角切〕

【注釋】

本義是擊打。

《淮南子》：「為雷電所撲。」「撲地」謂遍地也，《滕王閣序》：「閭閻撲地。」今簡化字扑、撲歸併一。《說文》無扑，扑實為攴之變體也，《說文》：「攴，小擊也。从又，卜聲。」

段注：「按此字从又，卜聲，又者手也。經典隸變作扑。凡《尚書》《三禮》鞭扑字皆作扑，又變為手，卜聲不改，蓋漢石經之體，此《手部》無扑之原也。」

擊 qiào　旁擊也。从手，敫聲。〔苦弔切〕

【注釋】

或作「撽」，旁擊，泛指擊打。

段注：「《公羊傳》曰：公怒，以斗擊而殺之。注：『擊猶擊也。』擊謂旁擊頭項，《莊子》：撽以馬捶。」

扚 diǎo　疾擊也。从手，勺聲。〔都了切〕

【注釋】

杓有擊打義，本字或當為扚，見前「摽」字注。

段注：「《史記・天官書》：扚雲。按『扚雲』从手，今本訛从木。」

抶 chì　　笞擊也。从手，失聲。〔敕栗切〕

抵 zhǐ　　側擊也。从手，氏聲。〔諸氏切〕

【注釋】

本義是側手擊。泛指擊打，如「抵掌而談」，拍手也，表示高興。另有投擲、拋義，張衡《東京賦》：「藏金於山，抵璧於谷。」

段注：「《戰國策》：抵掌而談。《東京賦》：抵璧於谷。《解嘲》：介涇陽，抵穰侯。按抵字今多訛作抵，其音義皆殊。《國策》：夏無且以藥囊提荊軻。《史記》：薄太后以冒絮提文帝。提皆抵之叚借字也。」

抰 yǎng　　以車鞅擊也。从手，央聲。〔於兩切〕

捊 fǒu　　衣上擊也。从手，保聲。〔方苟切〕

捭 bǎi　　兩手擊也。从手，卑聲。〔北買切〕

【注釋】

本義是兩手橫擊，左思《吳都賦》：「拉捭摧藏。」常用義是掰開，今有「縱橫捭闔」，捭者，開也。闔者，合也。

段注：「謂左右兩手橫開旁擊也，引申之為鬼谷子之捭闔。捭之者，開也。闔之者，閉也。《禮記》：燔黍捭豚。叚捭為擘字。」

捶 chuí　　以杖擊也。从手，垂聲。〔之壘切〕

【注釋】

本義是敲打。

段注：「《內則》注曰：捶，搗之也。引申之，杖得名捶。猶小擊之曰扑，因而擊之之物得曰扑也，擊馬者曰棰。」

搉 què　　敲擊也。从手，隺聲。〔苦角切〕

【注釋】

本義是敲擊，《漢書・五行志》：「搉其眼以為人彘。」常通「榷」，表示商討，今有「商榷」。有專營義，如「榷場」，國家專營的市場。

段注：「敲，橫撾也。撾即箠之隸變，搉與敲疊韻，又雙聲也。《廣雅》曰：揚搉，都凡也。別一義。」

擏 yǐng　　中擊也。从手，竟聲。〔一敬切〕

拂 fú　　過擊也。从手，弗聲。〔徐鍇曰：擊而過之也。〕〔敷物切〕

【注釋】

飛掠而擊。拂有擊打義，亦有拂掠義。引申有抖動義，今有「拂袖而去」。常用義是違背、不順，如「拂逆」，「拂意」謂不如意也，又「忠言拂耳」。

從弗之字多有違背、不順義，弗，不也。如茀（道多艸，不可行）、咈（違也）、艴（色艴如也）、紼（亂系也）。段注：「《刀部》曰：刜，擊也。與拂義同。」

拂有違背義，又有輔助義，此二義相反，正反同辭也。這種正反同辭是假借字造成。「拂」之輔助義本字當是「弼」，《漢書》：「乃欲以太古久遠之事匡拂天子。」

摼 kēng　　擣頭也。从手，堅聲。讀若「鏗爾，舍瑟而作」。〔口莖切〕

【注釋】

硻（硜）是擊石聲，同源詞也。

抌 dǎn　　深擊也。从手，冘聲。讀若告言不正曰抌。〔竹甚切〕

【注釋】

段注：「《刺客列傳》：左手把其袖，右手揕其匈。揕即抌字。徐廣曰：一作抗。按抗乃抌之訛耳。」

毀 huǐ　　傷擊也。从手、毀，毀亦聲。〔許委切〕

擊 jī（击）　　攴也。从手，毄聲。〔古歷切〕

【注釋】

簡體字作击，省旁俗字也。

本義是敲擊，引申為碰撞、接觸義，《戰國策》：「車轂擊，人肩摩。」引申出擊殺義，擊，殺也。《後漢書》：「乃擊牛釃酒，勞饗士卒。」

段注：「攴下曰：小擊也。二篆為轉注。攴訓小擊，擊則兼大小言之。攴之隸變為扑，手即又也，又下曰：手也，因之鞭棰等物皆謂之扑。此經典扑字之義也。《咎繇謨》古文戛擊，今文《尚書》擊為隔，同音叚借。」

扞hàn（捍）　　忮也。从手，干聲。〔侯旰切〕

【注釋】

今作捍字。

「捍格」者，相抵觸也，如「捍格不入」。引申有保衛義，如「捍衛」。從干之字多有抵抗義，干本義是盾牌，抵禦之工具也，如訐（面相斥罪）、忓（極也）。扞有此正反二義，是由二義本身是一個動作的兩個方面所致。

引申之，射箭時的一種皮製護袖謂之扞，《禮記》：「右佩玦扞。」常「鎧捍」連用，謂鎧甲與皮袖套。見「拾」字注。引申出堅定義，《管子》：「五浮之狀，捍然如米。」又有張開、拉開義，《說文》：「硟，以石扞繒也。」即張開義。今「擀麵條」之擀，亦此義，後起之俗字也。

段注：「《周南·干城》傳曰：干，扞也。《玉篇》亦曰：扞，衛也，字亦作捍。《祭法》：能禦大災，能捍大患，則祀之。《魯語》作扞。」

抗kàng（杭）　　扞也。从手，亢聲。〔苦浪切〕抗，或从木。〔臣鉉等曰：今俗作胡郎切。〕

【注釋】

本義是對抗，從亢之字多有對抗義，見前「亢」「伉」字注。

抗、杭本一字之異體，後分別異用。引申出匹敵、相當義，今有「分庭抗禮」。又有高舉義，《廣雅》：「抗，舉也。」《洛神賦》：「抗羅袂以掩涕兮。」

段注：「《既夕禮》注曰：抗，禦也。《左傳》曰：以亢其讎。注云：亢猶當也。亢為抗之叚借字。引申之義為高抗。《既夕》注曰：抗，舉也。杭，今人用此字讀胡郎切，乃航之訛變。地名餘杭者，乃秦政舟渡處也。」

捕 bǔ　　取也。从手，甫聲。〔薄故切〕

【注釋】

本義是捉住，逮、捕都可指捉人，捕可用於其他動物，如「捕魚」。段注：「此與搏義別。」見前「搏」字注。據段注，今捕捉本字當作搏。

簎 cè　　刺也。从手，籍省聲。《周禮》曰：簎魚鱉。〔士革切〕

【注釋】

用叉刺取（魚鱉等）。

撚 niǎn（捻）　　執也。从手，然聲。一曰：蹂也。〔乃殄切〕

【注釋】

今作捻。

本義是用手指拿物，杜牧詩：「手撚金僕姑。」引申為用手指搓，今有「撚繩」「撚線」。「一曰：蹂也」，又有踩踏義，《淮南子》：「前後不相撚，左右不相干。」該義當是「蹍」之借字，踩踏也。

挂 guà　　畫也。从手，圭聲。〔古賣切〕

【注釋】

本義是劃分。後人乃云懸掛，俗製掛字耳。引申勾住、牽絆義，今有「掛懷」「掛念」。又有登記義，今有「掛號」「掛失」。

拕 tuō（拖）　　曳也。从手，它聲。〔託何切〕

【注釋】

今作拖，《說文》無拖字。

捈 tú　　臥引也。从手，余聲。〔同都切〕

【注釋】

橫引也。又同「抒」，抒發。段注：「臥引謂橫而引之也。《廣雅》曰：捈，舒也。」

抴 yè（拽）　　捈也。从手，世聲。〔余制切〕

【注釋】

今作拽，同曳，拉也。

㧺 biǎn　　撫也。从手，扁聲。〔婢沔切〕

撅 juē　　从手有所把也。从手，厥聲。〔居月切〕

【注釋】

用手把東西撥在一起。又翹起，如「撅嘴」「撅尾巴」。又折斷，如「把竹竿撅折」。

攎 lú　　挐持也。从手，盧聲。〔洛乎切〕

挐 ná　　持也。从手，如聲。〔女加切〕

【注釋】

見前「拏」字注。段注對調二篆字頭。段注改為「牽引也」，可從。

本義是牽引，《楚辭》：「枝繁挐而交橫。」又混亂、紛雜義，《廣雅》：「惹，挐也。」《淮南子》：「美人挐首，墨面而不容。」《招魂》：「挐黃粱些。」因拏、挐二字常混，導致義項相互沾染，故挐又有搏持義，拏有混亂、紛雜義。

搵 wèn　　沒也。从手，昷聲。〔烏困切〕

【注釋】

本義是沒入，如「搵入水中」。常用義是擦，同抿，如「搵英雄淚」。河南方言謂擦眼淚為 mǐn 眼淚，即抿字。搵、抿一聲之轉也。

又有按、用手指按住義，如「搵住」「搵倒」。《正字通》：「搵，按也。」該義即後來的「摁」字，搵、摁一聲之轉也。段注：「《字林》：搵抐，沒也。抐，奴困切。」

搒 bàng　　掩也。从手，旁聲。〔北孟切〕

【注釋】

掩者，古義也。《廣韻》曰：「笞也，打也。」今義也。常用義是擊打，常借榜字為之，本字當作搒。《報任安書》：「受榜箠。」《說文》：「榜，所以輔弓弩也。」本義是矯正弓弩的器具，非本字明矣。又划船、船槳義，《九章》：「齊吳榜以擊汰。」「榜船」即划船也。

挌 gé　擊也。从手，各聲。〔古核切〕

【注釋】

今「格鬥」之本字也。《說文》：「格，木長貌。」本義是樹木的長木條。

段注：「凡今用格鬥字當作此。《周禮》注曰：若今時無故入人室宅廬舍，上人車船，牽引人欲犯法者，其時格殺之，無罪。《公羊·定四年》注曰：挾弓者，懷格意也。《莊卅一年》注：古者方伯征伐不道，諸侯交格而戰者，誅絕其國。此等格字皆當从手。」

拲 gǒng　兩手同械也。从手，从共，共亦聲。《周禮》：上罪，梏拲而桎。〔居竦切〕 𣙙，或从木。

【注釋】

在足曰桎，在手曰梏，拲即梏，今之手銬也。

段注：「《周禮·掌囚》：上罪梏拲而桎。鄭司農云：拲者，兩手共一木也。」見前「桎」「梏」字注。

掫 zōu　夜戒守，有所擊。从手，取聲。《春秋傳》曰：賓將掫。〔子侯切〕

捐 juān　棄也。从手，肙聲。〔與專切〕

【注釋】

本義是放棄，今有「捐棄前嫌」。捐獻是引申義。上古捐獻、捐助義很少。又指稅收，今有「苛捐雜稅」「車捐」「房捐」。

掤 bīng　所以覆矢也。从手，朋聲。《詩》曰：抑釋掤忌。〔筆陵切〕

【注釋】

本義是箭筒的蓋子。

段注：「《左傳》：公徒釋甲執冰而踞。冰者，掤之叚借字。賈逵、服虔曰：冰，櫝丸蓋也。杜預云：或說櫝丸是箭箙，其蓋可以取飲。」

扜 yū　　指麾也。从手，于聲。〔億俱切〕

【注釋】

指揮也。又引也，拉也。段注：「扜、麾為雙聲。《山海經》曰：有人方扜弓射黃虵。」

摩 huī（麾）　　旌旗，所以指麾也。从手，靡聲。〔許為切〕

【注釋】

今「將軍麾下」之本字也。俗作麾，《說文》無麾。

本義是指揮作戰用的旗子。「麾下」指將帥的大旗，代指將帥。又有指揮、揮動義，如「登山麾武節」。曹操《步戰令》：「麾不聞令，擅前後左右者斬。」

段注：「按凡旌旗皆得曰麾，故許以旌旗釋麾，假借之字作戲。《淮陰侯傳》《項羽本紀》皆曰戲下，是也。」

捷 jié　　獵也，軍獲得也。从手，疌聲。《春秋傳》曰：齊人來獻戎捷。〔疾葉切〕

【注釋】

古代借打獵練兵，故云「軍獲得也」。本義是勝利、成功，引申為快速義。「獻捷」謂獻戰利品。又指抄近路，《左傳》：「待我不如捷之速也。」今有「捷徑」。

快、速、疾、捷都可以表示快速義，「快」表示快速是後起的意思，在上古只表示愉快講。「快速」的意義常用「速」來表示。「疾」比「速」要快，「捷」表示動作輕快、敏捷。

扣 kòu　　牽馬也。从手，口聲。〔丘后切〕

【注釋】

本義是牽馬，《史記》：「伯夷叔齊扣馬而諫。」

常用義為打擊、敲擊義，今有「扣頭」，通「叩頭」，扣者，擊也。本字當作「㪁」，《說文》：「㪁，擊也。」又有詢問義，通「叩」，如「吾扣其兩端而竭焉」。

掍 hùn　同也。从手，昆聲。〔古本切〕

【注釋】

本義是同、混合。今「混同」之本字也。《說文》：「混，豐流也。」非本字明矣。段注：「《方言》：掍，同也。宋衛之間或曰掍。漢人賦多用掍字。」

捜 sōu　眾意也。一曰：求也。从手，叟聲。《詩》曰：束矢其捜。〔所鳩切〕

【注釋】

段注：「《魯頌・泮水》曰：束矢其捜。傳曰：五十矢為束捜。眾意也，此古義也，與《考工記》注之藪略同。」

換 huàn　易也。从手，奐聲。〔胡玩切〕

【注釋】

上古交換義用「易」不用「換」。

掖 yè　以手持人臂也。从手，夜聲。一曰：臂下也。〔羊益切〕

【注釋】

臂下為腋，持人臂曰掖，同源詞也。

「獎掖」猶獎勵、提拔也。宮殿正門兩旁的小門謂之「掖門」，《漢書・高后紀》：「入未央宮掖門。」顏師古注：「掖門，非正門而在兩旁，若人之臂掖也。」「掖庭」謂宮中旁舍，妃嬪居住的地方。張掖市古稱甘州，乃河西四郡之一，漢武帝取「張國臂掖，以通西域」之意，設張掖郡。

段注：「一曰：臂下也。此義字本作亦，或借掖為之，非古也。《儒行》：逢掖之衣。《高后本紀》：見物如蒼犬據其掖。俗亦作腋。」

文二百六十五　重十九

摦 huà　橫大也。从手，瓠聲。〔胡化切〕

【注釋】

瓠聲，聲兼義也。

攙 chān　　刺也。从手，毚聲。〔楚銜切〕

【注釋】

搀字乃重文符號代替形成之俗字。

刺者，入也，本義是刺。刺則入，入則混雜，故引申有攙和義。「攙槍」或作「攙搶」，又謂「天攙」或「天槍」，謂彗星也，兩頭銳，亦取其刺義。

搢 jìn　　插也。从手，晉聲。搢紳，前史皆作薦紳。〔即刃切〕

【注釋】

縉紳者，插笏於紳帶也。見前「笏」「鞶」字注。

掠 lüè　　奪取也。从手，京聲。本音亮，《唐韻》或作擽。〔離灼切〕

【注釋】

本音亮，今音 lüè，此乃訓讀之結果。掠本音 liàng，與「略」意義相同，故訓讀為 lüè。而且此訓讀音產生很早，《廣韻》有「力讓」和「離灼」二切，說明至少宋代這個訓讀音就已經存在了。

本義是搶奪。又有拷打義，如「毒掠百姓」「拷掠」。又有砍伐義，《穆天子傳》：「命虞人掠林。」今掠過義乃後起義。「伐」有砍伐義，有擊打義，同步引申也。

掐 qiā　　爪刺也。从手，臽聲。〔苦洽切〕

【注釋】

上古用扼，義略同掐。

捻 niē（撚）　　指撚也。从手，念聲。〔奴協切〕

【注釋】

古同「捏」，用拇指和其他手指夾住。又音 niǎn，用手指搓轉，如「撚麻繩」。見前「撚」字注。

拗 ǎo　手拉也。从手，幼聲。〔於絞切〕

【注釋】

本義是拗斷。拉，折斷也。不順從亦謂之拗，如「拗口」。《樂府詩》：「上馬不捉鞭，反拗楊柳枝。」詩律上有「拗救」，「拗」即不合平仄也。

摵 shè　捎也。从手，戚聲。〔沙劃切〕

捌 bā　《方言》云：無齒杷。从手，別聲。〔百鎋切〕

【注釋】

古代一種聚攏穀物的沒有齒的耙。古同「扒」，破裂，分開。今作為「八」的大寫。

攤 tān　開也。从手，難聲。〔他干切〕

抛 pāo　棄也。从手，从尤，从力。或从手，尥聲。案：《左氏傳》通用摽，《詩》：摽有梅。摽，落也。義亦同。〔匹交切〕

【注釋】

抛既指具體的動作扔出去，如「抛球」「抛錨」。又有抽象的放棄義，今有「抛棄」。又諱稱死亡，如「小孩抛了」。

丟也有相同的引申路徑，如「丟沙包」，扔也；又有丟棄義。也諱稱死亡，如河南方言「小孩丟了」。同步引申也。

摴 chū　舒也。又摴蒲，戲也。从手，雩聲。〔丑局切〕

【注釋】

《廣雅》：「攄，舒也。」樗，臭椿樹，木質舒鬆，所謂大木散材也。攄、摴、樗皆同源詞也。摴蒲，或作「樗蒲」，古代一種類似擲色子的賭博遊戲。

打 dǎ　擊也。从手，丁聲。〔都挺切〕

【注釋】

《說文》:「朾,撞也。」段注:「俗作打。音德冷、都挺二切,近代讀德下切。」

文十三 新附

𠦬部

𠦬  guāi　　**背呂也。象脅肋也。凡𠦬之屬皆从𠦬。〔古懷切〕**

【注釋】

呂,脊骨之象形,同膂字,「背呂」者,脊背也。𠦬實乃脊之初文也,後加肉作脊。今山西有「呂梁山」,又叫骨脊山。見前「呂」字注。

段注:「呂下曰:脊骨也。脊兼骨肉言之,呂則其骨。析言之如是,渾言之,則統曰背呂,猶俗云背脊也。」

脊  jǐ　　**背呂也。从𠦬,从肉。〔資昔切〕**

【注釋】

《釋名》:「脊,積也。積續骨節脈絡上下也。」

文二

卷十二下

女部

女 nǚ　婦人也。象形，王育說。凡女之屬皆从女。〔尼呂切〕

【注釋】

泛指女子，特指未婚女子。士指男子，特指未婚男子。故《詩經》中常士、女連稱，《詩經・溱洧》:「士與女，方秉蕑兮。」《甫田》:「以穀我士女。」以女嫁人謂之女，《左傳》:「宋雍氏女於鄭莊公。」

段注:「渾言之，女亦婦人；析言之，適人乃言婦人也。《左傳》曰：君子謂宋共姬女而不婦，女待人，婦義事也。此可以知女道、婦道之有不同者矣。言女子者對男子而言，子皆美稱也。曰女子子者，系父母而言也。」

姓 xìng　人所生也。古之神聖，母感天而生子，故稱天子。从女，从生，生亦聲。《春秋傳》曰：天子因生以賜姓。〔息正切〕

【注釋】

徐灝《說文解字注箋》:「姓之本義謂生也，古通作生，其後因生以賜姓，遂為姓氏字耳。」

戰國以前，姓、氏有別。姓是古老部族的原始族號，後來子孫繁衍，新分出來的部族的族號就是氏。所以氏是姓的分支，二者有區別，也有聯繫。

如孔子，是殷商人的後代，殷商人以子為姓，傳說商人之祖先契乃其母簡狄吞燕卵所生，故姓子（卵也，今山東仍把雞蛋叫雞子）。子姓後來有好多分支，孔氏者，乃用了孔子六世祖孔父嘉（字孔父，名嘉）的字——「孔」為氏，故孔子是子姓，孔氏。姜子牙，姜姓，呂氏，也叫呂尚。

姓代表原始母系社會的族號，氏已是父系氏族社會的產物。因此，古者「同姓不通婚」，「男女同姓，其生不蕃」，這個姓不是現代意義上的姓，而是最原始的族姓。最初是原始母系社會部族內不能通婚，因為一個部族就一個姓，一個姓就代表一個部族。後先秦貴族仍沿用此傳統，故春秋戰國時代貴族的婚姻常是「跨國婚姻」，因一個國家內部的貴族都是同姓，不能通婚也。《羋月傳》中秦惠文王的妃子們來自各諸侯國的都有，唯獨沒有秦國本國的。戰國以後，姓氏合流，故司馬遷《史記》常出現姓氏不分的情況。今天的百家姓其實應叫作「百家氏」，今人名字前的第一個字是氏，不是姓。

段注：「按《詩》：振振公姓。傳曰：公姓，公生也。不如我同姓，傳曰：同姓，同祖也。昭四年《左傳》：問其姓。《釋文》云：女生曰姓，姓謂子也。《定四年》：蔡大夫公孫生，《公》《穀》皆作公孫姓。因生以為姓，若下文神農母居姜水因以為姓，黃帝母居姬水因以為姓，舜母居姚虛因以為姓是也。感天而生者母也，故姓從女、生會意。其子孫復析為眾姓，如黃帝子二十五宗十二姓，則皆因生以為姓也。

按人各有所由生之姓，其后氏別既久而姓幾湮，有德者出，則天子立之，令姓其正姓，若大宗然。如《周語》：帝胙四嶽國，賜姓曰姜，氏曰有呂。陳胡公不淫，故周賜之姓，謂嬀姓，命氏曰陳。飂叔安裔子董父事帝舜，帝賜之姓曰董，氏曰豢龍。蓋此三者，本皆姜、嬀、董之子孫，故予之以其姓。

又或特賜之姓，前無所承者。如《史記》《白虎通》：禹祖昌意，以薏苡生，賜姓姒氏。殷契以玄鳥子生，賜姓子氏。斯皆因生以賜姓也，必兼《春秋傳》之說而姓之義乃完。姒字不見於許書，蓋古只作以，古書亦有作似者。」

姜jiāng　　神農居姜水，以為姓。从女，羊聲。〔居良切〕

【注釋】

神農，炎帝也，三皇之一，居姜水，以姜為姓。齊國乃姜姓國家，姜子牙輔佐武王伐紂有功，被封在齊地。魯國乃周公旦的封地，是姬姓國家，故齊魯常通婚。

古薑、姜有別，調料作薑，姓氏作姜，今簡化漢字歸併。薑非臭菜，即不屬於葷類，佛家不忌，五葷三厭不包括薑。今吃完薑嘴裏無異味，與蔥、蒜、藠頭不同。

姬jī　　黃帝居姬水，以為姓。从女，𦣞聲。〔居之切〕

【注釋】

黃帝，五帝之一。居姬水，以姬為姓。周朝及其子孫後代的封國都是姬姓，如魯國、晉國、燕國、鄭國、吳國等。

常用義是帝王之妾，泛指妾，如「姬妾」。又婦女的美稱，也指美女，如「歌姬」「美姬」。

姞 jí　　黃帝之後百鯈姓，后稷妃家也。从女，吉聲。〔巨乙切〕

【注釋】

《詩經·都人士》:「彼君子女，謂之伊姞。」伊和姞是當時的兩個貴族大姓。典故有「燕姞夢蘭」，燕姞，春秋時鄭文公妾，嘗夢天使賜蘭，後生穆公，名之曰蘭。後「燕姞夢蘭」比喻女子受寵懷孕得子。古人取名多有叫夢蘭者，如明代史夢蘭，著《疊雅》。

後用以泛指姬妾，龔自珍《己亥雜詩》:「臣朔家原有細君，司香燕姞略知文。」又謹慎也，《集韻》:「姞，謹也。」「姞慧」，恭順而聰明。

段注:「《國語》: 晉胥臣臼季曰:『黃帝之子，得姓者十四人，為十二姓。』姞其一也，《詩·都人士》作吉，南燕、密須，姞姓國也。《左傳》: 鄭文公賤妾曰燕姞，夢天使與己蘭，曰:『余為伯鯈，余而祖也，以是為而子。』既而生穆公，名之曰蘭。文公卒，石癸曰: 姞，吉人也，后稷之元妃也。今公子蘭，姞甥也，天或啟之，必將為君，遂立之。《古今人表》云: 姞人，棄妃。直以姞人為姓名。」

嬴 yíng　　少昊氏之姓也。从女，嬴省聲。〔以成切〕

【注釋】

少昊，黃帝之長子也。秦國是嬴姓，晉國是姬姓，故二國常通婚，所謂「秦晉之好」。「嬴」有漂亮義，《廣雅》:「嬴，好也。」又代指美女，如「秦嬴」猶秦娥也。

段注:「按秦、徐、江、黃、郯、莒皆嬴姓也。嬴，《地理志》作盈，又按伯翳嬴姓，其子皋陶偃姓，偃、嬴語之轉耳。如娥皇女英，《世本》作女瑩，《大戴禮》作女匽，亦一語之轉。」

姚 yáo　　虞舜居姚虛，因以為姓。从女，兆聲。或為: 姚，嬈也。《史篇》以為: 姚，易也。〔余招切〕

【注釋】

姚虛者，姚山也。姚乃舜之姓。大舜者，姚姓，嬀氏，名重華，字都君，謚曰舜，因其先國於虞，故稱虞舜。舜者，大也，贊其功業之大，故稱。

段注：「《帝王世紀》云：舜母名握登，生舜於姚墟，因姓姚氏也。《世本》：舜姓姚氏。《廣雅》：姚、娧，皆好也。《荀卿子》：美麗姚冶。楊注引《說文》：姚，美好皃。今《說文》無此語。」

嬀  guī　　虞舜居嬀汭，因以為氏。从女，為聲。〔居為切〕

【注釋】

嬀為姚姓的分支，舜後代之氏。舜居嬀汭，一年成聚，二年成邑，三年成都，故後代以嬀為氏。

段注：「氏，各舊本及《集韻》《類篇》皆同，毛斧季剜改為姓，非也。舜既姚姓，則嬀為舜後之氏可知。按依《史記》當云：『因以為氏姓。』尋姓氏之禮，姓統於上，氏別於下。鄭駁《五經異義》曰：『天子賜姓命氏，諸侯命族，族者氏之別名。姓者所以統系百世不別也，氏者所以別子孫之所出。故《世本》之篇，言姓則在上，言氏則在下也。』此由姓而氏之說也。既別為氏，則謂之氏姓，故《風俗通》《潛夫論》皆以氏姓名篇，諸書多言氏姓。

氏姓之見於經者，《春秋・隱九年》：天王使南季來聘。《穀梁傳》曰：『南，氏姓也。季，字也。』南為逗，氏姓也三字為句，此氏姓之明文也。《史記・陳杞世家》：『舜為庶人時，堯妻之二女，居於嬀汭，其後因為氏姓，姓嬀氏。』《五帝本紀》曰：自黃帝至舜禹皆同姓，帝禹為夏后而別氏姓，姓姒氏。今《史記》奪一姓字，此氏姓之例與《陳世家》同。契為商，姓子氏；棄為周，姓姬氏。此皆氏姓之明文也。

《左傳》曰：『陳胡公不淫，故周賜之姓，使祀虞帝。』賜之姓者，賜姓曰嬀也。叚令嬀不為姓，何以不賜姓姚而賜姓嬀乎？凡言賜姓者，先儒以為有德者則復賜之祖姓使紹其後，故后稷賜姓曰姬；四嶽，堯賜姓曰姜；董父，舜賜姓曰董；秦大費賜姓曰嬴，皆子以祖姓也。其有賜姓而本非其祖姓者，如鄭氏駁《異義》云：炎帝姓姜，大皞之所賜也。黃帝姓姬，炎帝之所賜也。是炎帝、黃帝之先固自有姓，而炎帝、黃帝之姜、姬實為氏姓之創始。夏之姓姒，商之姓子亦同。

然則單云姓者，未嘗不為氏姓。單云氏者，其後以為姓，古則然矣。至於周則以三代以上之姓及氏姓為昏姻不通之姓，而近本諸氏於官、氏於事、氏於王父字者，為氏不為姓，古今之不同也。舉舜居嬀汭因為氏姓以發其凡，凡訓詁家曰姓某氏者，皆於此起例。」

鵬按：氏姓是從姓中分化，後又獨立為姓的氏。氏姓本質上是一種氏。如「媯」從姚姓中分化，即媯氏，本來是氏姓，是氏，即大舜後代的氏。舜的後代「陳胡公不淫，故周賜之媯姓，命氏曰陳」，這時「媯」獨立成了姓。後又分化出陳氏，見前「姓」字注。「氏姓」從分化的角度是氏，從獨立的角度又是姓。故「媯」可稱為氏姓，可稱為氏，可稱為姓。但「陳」只能稱氏，不能稱姓。今說「某某姓陳」，是後來之後者（戰國以後的事了）。周武王滅商建周後，將長女大姬嫁給舜帝之後的媯滿為妻，封於陳地，建立陳國，奉祀舜帝。此周初之事。段注：「則單云姓（如媯姓）者，未嘗不為氏姓。單云氏（如媯氏）者，其後以為姓，古則然矣。」甚是。

凡分化皆謂之氏姓，很多古姓其實最早都是「氏姓」，段注：「炎帝、黃帝之姜、姬實為氏姓之創始。」炎帝姓姜，黃帝姓姬，大禹姓姒，契姓子，這些姓都是氏姓，不是其祖姓，因為炎帝、黃帝、大禹、契的祖先（包括他們的爹）並不姓姜、姬、姒、子，它們有自己的姓。姜、姬、姒、子相當於祖姓之外的一種分化，即相當于氏。姜、姬、姒、子這些氏姓後來獨立為姓，姓又分化出許多氏。

堯、舜、禹、契都是黃帝的支系子孫，少昊是黃帝的長子，按說都應該姓姬，但堯姓伊祁，舜姓姚，禹姓姒，契姓子，少昊姓嬴。伊祁、姚、姒、子、嬴性質雖然是氏（有別於祖先姬姓），但都不能稱作氏！其實最初都是氏姓，後獨立為姓。

堯是黃帝的第五代傳人，名叫放勳，是帝嚳的兒子，《史記》記載：「帝嚳高辛者，黃帝之曾孫也。高辛父曰蟜極，蟜極父曰玄囂（少昊），玄囂父曰黃帝。」

舜是黃帝的第八代傳人，名叫重華，《史記》記載：「重華父曰瞽叟，瞽叟父曰橋牛，橋牛父曰句望，句望父曰敬康，敬康父曰窮蟬，窮蟬父曰帝顓頊，顓頊父曰昌意，以至舜七世矣。」昌意是黃帝的兒子。

大禹也是黃帝的第五代傳人，名叫文命，《史記》：「禹之父曰鯀，鯀之父曰帝顓頊，顓頊之父曰昌意，昌意之父曰黃帝。禹者，黃帝之玄孫而帝顓頊之孫也。」

契是商朝的始祖，乃帝嚳之子，亦黃帝的第五代傳人，堯的兄弟。《史記·殷本紀》：「殷契，母曰簡狄，有娀氏之女，為帝嚳次妃。三人行浴，見玄鳥墮其卵，簡狄取吞之，因孕生契。契長而佐禹治水有功。帝舜乃命契曰：百姓不親，五品不訓，汝為司徒，而敬敷五教，五教在寬。封於商，賜姓子氏。契興於唐、虞、大禹之際，功業著於百姓，百姓以平。」

稷是周朝的始祖，亦帝嚳之子，堯的兄弟。《史記·周本紀》載，有邰氏之女姜嫄踩巨人腳印而生稷。稷是黃帝玄孫、帝嚳嫡長子，稷母名叫姜嫄，是帝嚳的元妃。

后稷善種穀物稼穡，教民耕種。為堯舜之相，司農之神，被尊為稷王（也稱作稷神）、農神、耕神、穀神、農耕始祖、五穀之神。段注：「先儒以為有德者則復賜之祖姓使紹其後，故后稷賜姓曰姬。」后稷功勞大，故繼承其祖先黃帝之姓姬。

妘 yún　祝融之後姓也。从女，云聲。〔王分切〕籒文妘，从員。

【注釋】

祝融，火神也。妘又作為古女子人名用字。

姺 shēn　殷諸侯，為亂，疑姓也。从女，先聲。《春秋傳》曰：商有姺邳。〔所臻切〕

嫐 niàn　人姓也。从女，然聲。〔奴見切〕

妞 hào　人姓也。从女，丑聲。《商書》曰：無有作妞。〔呼到切〕

【注釋】

段注：「好之古音讀如朽，是以《尚書》叚妞為好也。今《尚書》妞作好，此引經說叚借也。妞本訓人姓，好惡自有真字，而壁中古文叚妞為好，此以見古之叚借不必本無其字，是為同聲通用之肇端矣。此如『朕堲讒說』叚堲為疾，『尚狟狟』叚狟作桓，皆稱經以明六書之叚借也，而淺人不得其解，或多異說，蓋許書之湛晦久矣。」

娸 qī　人姓也。从女，其聲。杜林說：娸，醜也。〔去其切〕

【注釋】

常用義有二：醜陋也；詆毀、醜化也，如「詆娸」。

段注：「醜者，可惡也。按《頁部》曰：䫏，醜也。杜說蓋以娸為䫏頭字也。」

奼 chà（姹）　少女也。从女，乇聲。〔坼下切〕

【注釋】

俗作姹。《廣韻》曰：「美女。」

本義是少女，常「姹女」連用，即少女也。道教煉丹，把水銀叫作「姹女」，有所謂之「黃婆姹女」，認為脾內涎液能養其他臟腑，所以叫「黃婆」。常用義是美也，今有「姹紫嫣紅」。

媒 méi　　謀也，謀合二姓。从女，某聲。〔莫杯切〕

【注釋】

謀者，聲訓也。

古有官媒、私媒，元代有媒人行會組織，明代媒人免收行業稅，常以斧頭或秤為標誌。《詩經·伐柯》:「伐柯若之何，匪斧不克；娶妻若之何，匪媒不得。」故後來媒人叫作「伐柯人」，為人牽線叫「作伐」。俗語有「媒人是桿秤，全靠兩頭硬」，故以秤為行業標誌。《詩經》:「士若歸妻，逮冰未泮。」後又把媒人稱為「冰媒」或「冰人」，為人牽線叫「作冰」。

妁 shuò　　酌也，斟酌二姓也。从女，勺聲。〔市勺切〕

【注釋】

今有「媒約之言」，也叫「媒妁之言」。妁，酌也，聲訓也。分而言之，男曰媒，女曰妁。

嫁 jià　　女適人也。从女，家聲。〔古訝切〕

【注釋】

適，往也，引申為出嫁。嫁引申出轉移義，今有「嫁禍於人」。

段注:「《白虎通》曰:嫁者，家也。婦人外成以出適人為家。按自家而出謂之嫁，至夫之家曰歸。《喪服經》謂嫁於大夫曰嫁，適士、庶人曰適。此析言之也，渾言之皆可曰適，皆可曰嫁。」

娶 qǔ　　取婦也。从女，从取，取亦聲。〔七句切〕

【注釋】

段注:「取彼之女為我之婦也，經典多叚取為娶。」

婚 hūn　　婦家也。《禮》:娶婦以昏時，婦人陰也，故曰婚。从女，

从昏，昏亦聲。〔呼昆切〕 籒文婚。

【注釋】

婚姻的本義是結婚。引申之，女方家長亦叫婚，男方家長叫姻，故「婚姻」指男女親家。《釋親》:「婦之父為婚，婦之黨為婚兄弟。」見「姻」字段注。

姻 yīn　　壻家也。女之所因，故曰姻。从女，从因，因亦聲。〔於真切〕 籒文姻，从㝵。

【注釋】

壻，夫也。姻者，女之所因也。男方是女子依靠者，故叫姻。見上「婚」字注。《左傳》:「荀寅，范吉射之姻也。」謂荀寅是范吉射的親家。今有「姻兄」「姻伯」皆謂妻家兄、伯。

段注 :「《釋親》曰 : 婦之父為婚，婦之黨為婚兄弟。壻之父為姻，婦之父母、壻之父母相謂為婚姻，壻之黨為姻兄弟。《周禮》: 六行，孝友睦婣任恤。注云 : 婣者，親於外親。引申之義也。」

妻 qī　　婦，與夫齊者也。从女，从屮，从又。又，持事要職也。〔臣鉉等曰 : 屮者，進也，齊之義也，故从屮。〕〔七稽切〕 古文妻，从肖、女。肖，古文貴字。

【注釋】

以女嫁人亦謂之妻，《論語》:「孔子以其兄之子妻之。」女也有此義，《左傳》:「宋雍氏女於鄭莊公。」

段注 :「妻、齊以疊韻為訓，此渾言之也。《曲禮》曰 : 庶人曰妻。析言之也。」

婦 fù　　服也。从女持帚，灑掃也。〔房九切〕

【注釋】

服者，聲訓也。

婦又可專指兒媳，如「長婦」，王充《論衡》:「父歿而子嗣，姑死而婦代。」「媳婦」原作「息婦」，即子之婦也，本義即兒媳婦，後類化作媳婦。

段注：「《大戴禮．本命》曰：女子者，言如男子之教而長其義理者也，故謂之婦人。婦人，伏於人也，是故無專制之義，有三从之道。《曲禮》曰：士之妃曰婦人。析言之也。」

妃 fēi　　匹也。从女，己聲。〔芳菲切〕

【注釋】

匹者，聲訓也。妃之本義是配偶，《禮記》：「天子之妃曰后。」妃子義乃後起。

段注：「匹者，四丈也。《禮記》：納幣一束，束五兩，兩五尋。注云：『十個為束，兩兩合其卷，是謂五兩。八尺曰尋。』按四丈而兩之，各得二丈，夫婦之片合如帛之判合矣。故帛四丈曰兩、曰匹，人之配耦亦曰匹。

妃本上下通稱，後人以為貴稱耳。《釋詁》曰：妃，媲也。引申為凡相耦之稱。《左傳》曰：嘉耦曰妃。其字亦叚配為之，《太玄》作嬰，其云嬰埶者，即《左傳》之嘉耦曰妃、怨耦曰仇也。」

媲 pì　　妃也。从女，毘聲。〔匹計切〕

【注釋】

本義是配偶。《爾雅》：「媲，匹也。」引申有比、並義，今有「媲美」。

妊 rèn　　孕也。从女，从壬，壬亦聲。〔如甚切〕

【注釋】

妊者，任也。肚子裏裝著小孩，故稱。「妊婦」即孕婦也。

娠 shēn　　女妊身動也。从女，辰聲。《春秋傳》曰：后緡方娠。一曰：宮婢女隸謂之娠。〔失人切〕

【注釋】

本義是胎兒在母體中微動，泛指懷孕。今有「妊娠」，懷孕也。從辰之字多有動義，如唇（驚也）、踬（動也）、震（劈歷，振物者）、振（舉救也）。

段注：「妊而身動曰娠，別詞也。渾言之則妊娠不別。《詩》：大任有身，生此文王。傳曰：『身，重也。』蓋妊而後重，重而後動，動而後生。方娠者，方身動去產不遠也。其字亦叚震為之，昭元年《左傳》：邑姜方震大叔。若《生民》：載震載肅。傳曰：震，動也。箋云：遂有身。則以妊解之。」

㜮 zōu　婦人妊身也。从女，芻聲。《周書》曰：至於㜮婦。〔側鳩切〕

嬔 fàn　生子齊均也。从女，从生，免聲。〔芳萬切〕

【注釋】

段注：「謂生子多而如一也。《玄應書》曰：今中國謂蕃息為嬔息，音芳萬切。《周成難字》云：嬔，息也。」

嫛 yì　娩也。从女，殹聲。〔烏雞切〕

【注釋】

段注：「各本娩上刪嫛字，今補。此三字句，嫛娩合二字為名，不容分裂。《釋名》：『人始生曰嬰兒，或曰嫛娩。嫛，是也，言是人也。娩，其啼聲也。』《雜記》曰：中路嬰兒失其母焉。注：嬰猶鷖彌也。按鷖彌即嫛娩，語同而字異耳。」

娩 ní　嫛娩也。从女，兒聲。一曰：婦人惡貌。〔五雞切〕

【注釋】

嫛娩，嬰兒之轉語也。

母 mǔ　牧也。从女，象褱子形。一曰：象乳子也。〔莫后切〕

【注釋】

本義是母親。

牧者，聲訓，養也。甲骨文作，象女子有乳之形。兩點者，乳房之形。於六書則為指事字。泛指女性長輩，如「漂母」。又指根源，《商君書》：「慈仁，過之母也。」

段注：「引申之，凡能生之以啟後者皆曰母。其中有兩點者，象人乳形，豎通者即音無（即毋）。」

嫗 yù　母也。从女，區聲。〔衣遇切〕

【注釋】

本義是老年婦女，今有「老嫗」。泛指婦女，《南史》:「從少嫗三十，年皆可十七、八許。」母泛指婦女，《淮陰侯列傳》:「諸母漂。」今有「漂母」。

段注:「《樂記》: 煦嫗覆育萬物。鄭曰: 以氣曰煦，以體曰嫗。凡人及鳥生子曰乳，皆必以體嫗之。《方言》: 伏雞曰抱。郭云:『江東呼蓲，央富反。』按蓲即嫗也，母之呼嫗由此。」

媪 ǎo　女老稱也。从女，𥁕聲。讀若奧。〔烏皓切〕

【注釋】

對年老女性的敬稱，猶言老太太。

《戰國策·趙策四》:「老臣竊以為媪之愛燕后，賢於長安君。」又婦女的泛稱，《廣雅》:「媪，母也。」「乳媪」，謂奶母也。敬稱老頭曰叟，猶言老先生，《孟子》:「叟，不遠千里而來，何以教寡人。」

段注:「母老稱也。母，大徐作女，非也。高帝母曰劉媪，文穎曰: 幽州及漢中皆謂老嫗為媪。孟康曰: 長老尊稱也。左師謂太后曰: 媪愛燕后賢於長安君。《禮樂志》: 媪神蕃釐，后土富媪。張晏曰:『媪，老母稱也。』坤為母，故稱媪。𥁕聲而讀如奧者，方俗語音之轉耳。」

姁 xǔ　嫗也。从女，句聲。〔況羽切〕

【注釋】

本義是年老的婦人。

漢高后呂雉，字娥姁。《集韻》:「姁，姁然，樂也。」「姁姁」，安樂貌。段注:「然則姁亦母稱也。師古曰: 呂后名雉，字娥姁。」

姐 jiě　蜀謂母曰姐，淮南謂之社。从女，且聲。〔茲也切〕

【注釋】

《廣雅》:「姐，母也。」本義是母親。

段注:「方言也，其字當蜀人所製。社與姐音近。」《少年英雄方世玉》中方世玉稱其母苗翠花為「花姐」，稱其父方德為「德哥」，皆古方言之遺留也。

姑 gū　夫母也。从女，古聲。〔古胡切〕

【注釋】

本義是婆婆。

「翁姑」謂公婆也。古詩有「待曉堂前拜舅姑」，舅姑者，公婆也。女子稱公婆為舅姑，男子稱岳父為外舅，稱岳母為外姑。皆原始亞血族群婚制（族外婚）之遺留，後世表兄妹通婚乃其一端耳。《紅樓夢》中賈寶玉、林黛玉，《天龍八部》中慕容復、王語嫣之婚約，可以很好解釋舅姑、外舅、外姑之稱謂。

段注：「《釋親》曰：婦稱夫之父曰舅，稱夫之母曰姑。姑舅在則曰君舅、君姑，沒則曰先舅、先姑。按聖人正名之義，名有可叚借通用者，有不可叚借通用者。可叚借者舅姑是也，故母之舅弟為舅，夫之父亦曰舅，妻之父曰外舅。夫之母曰姑，男子稱父之姊妹亦曰姑，稱妻之母曰外姑。

蓋《白虎通》云：舅者，舊也。姑者，故也。舊故之者，老人之稱也，故其稱可泛用之。凡同姓五服之外及異姓之親只稱兄弟，無稱昆弟者。姑之字叚為語詞，《卷耳》傳曰：姑，且也。」

威 wēi　　姑也。从女，从戌。《漢律》曰：婦告威姑。〔徐鍇曰：土盛於戌。土，陰之主也，故从戌。〕〔於非切〕

【注釋】

本義是婆婆。

段注：「引申為有威可畏。惠氏定宇曰：《爾雅》君姑即威姑也，古君、威合音差近。」威常用義有恐懼和震懾二義，《詩經》：「死喪之威，兄弟孔懷。」畏亦有此二義，同步引申也。

妣 bǐ　　歿母也。从女，比聲。〔卑履切〕 籀文妣，省。

【注釋】

本義是母親，後多指死去的母親，如「先妣」。考指父親，後多指死去的父親，今有「如喪考妣」。

甲文作，金文作，羅振玉《增訂殷虛書契考釋》：「考妣之妣，引申為匕箸字，匕必有偶，猶父與母相匕也。」

段注：「《曲禮》曰：生曰父、曰母、曰妻。死曰考、曰妣、曰嬪。析言之也。《釋親》曰：父曰考，母曰妣。渾言之也。」

姊 zǐ　　女兄也。从女，𠂔聲。〔將几切〕

【注釋】

即姐姐。今仍有把「姊姊」讀成 jiě jiě，乃「姐姐」之訓讀音也。

段注：「《釋親》曰：男子謂先生為姊，後生為妹。《邶》詩：問我諸姑，遂及伯姊。傳曰：父之姊妹稱姑，先生曰姊。」

妹 mèi　　女弟也。从女，未聲。〔莫佩切〕

【注釋】

即妹妹。

段注：「按《釋名》曰：『姊，積也。妹，昧也。』字當从未。《白虎通》曰：『姊者，咨也。妹者，末也。』又似从末。」

娣 dì　　女弟也。从女，从弟，弟亦聲。〔徒禮切〕

【注釋】

即妹妹。

古者二女共嫁一夫，小的叫娣，多是女子的妹妹，後隨嫁的女子都叫娣。《詩經》：「諸娣從之，祁祁如雲。」古代妾中的年幼者亦叫娣。後代妯娌叫娣姒，弟之妻叫娣，兄之妻叫姒。

段注：「同夫之女弟也。小徐本有『夫之』二字，而尚少『同』字，今補。同夫者，女子同事一夫也。《釋親》曰：女子同出，謂先生為姒，後生為娣。孫、郭皆云：同出，謂俱嫁事一夫。

《王度記》曰：諸侯娶一國，則二國往媵之。《公羊傳》《白虎通》皆曰：諸侯娶一國，則二國往媵之，以侄娣從。侄者何？兄之子也。娣者何？女弟也。《大雅·韓奕》傳曰：『諸侯一娶九女，二國媵之。諸娣，眾妾也。』按女子謂女兄弟曰姊妹，與男子同。而惟媵己之妹則謂之娣，蓋別於在母家之稱，以明同心事一君之義也。《禮·喪服經》皆言妹，無言娣者。今大徐本作女弟也，非是。

曰：《釋親》又言長婦謂稚婦為娣婦，娣婦謂長婦為姒婦，見於傳者姒為妯娌之稱何也？曰：此所謂名之可以叚借通稱者也，如兄弟之稱同姓異姓皆得稱之也。妯娌稱長者曰姒，少者曰娣，與坐以夫齒之禮，並行不悖。」

娟 wèi　楚人謂女弟曰媦。从女，胃聲。《公羊傳》曰：楚王之妻媦。〔云貴切〕

嫂 sǎo　兄妻也。从女，叜聲。〔穌老切〕

【注釋】

古者叔嫂無服，即不給對方穿孝衣。

段注：「嫂者，尊嚴之。嫂猶叜也。叜，老人之稱也。按古者重男女之別，故於兄之妻尊嚴之，於弟之妻卑遠之，而皆不為服。男子不為兄弟之妻服，猶女子不為夫之兄弟服也。女子於夫之姊妹則相服小功者，相與居室之親也。」

姪 zhí（侄）　兄之女也。从女，至聲。〔徒結切〕

【注釋】

今俗字作侄。本義是侄女，今侄子叫侄。古代侄子叫猶子，《千字文》：「猶子比兒。」也叫「從子」，從，比也。

段注：「女子謂兄弟之子也。各本作兄之女也，不完，今依《爾雅》正。《釋親》曰：女子謂晜弟之子為侄。傳曰：『侄者何也？謂吾姑者吾謂之侄。』經言丈夫、婦人同謂之侄，則非專謂女也。《公羊傳》曰：『二國往媵，以侄娣從。』謂婦人也。《左傳》曰：『侄其從姑。』謂丈夫也。

不謂之猶子者，女外成別於男也。今世俗男子謂兄弟之子為侄，是名之不正也。此从女者，謂繫乎姑之稱也。許誤會用《公羊》『兄之女也』為訓，非是。」

姨 yí　妻之女弟同出為姨。从女，夷聲。〔以脂切〕

【注釋】

同出，謂俱嫁事一夫。本義是小姨子。方言中香皂叫「胰子」，與「姨子」諧音，郭德綱相聲把小姨子稱作小香皂。姨，第也，得名於與自己的妻子排長幼次第。

段注：「《釋親》曰：妻之姊妹同出為姨。孫曰：『同出，俱已嫁也。』此獨言女弟者，以弟姨疊韻也。《釋名》曰：『妻之姊妹曰姨。姨，弟也，言與己妻相長弟也。』按長弟謂次弟也，後世謂母之姊妹曰姨母。」

《爾雅》：「妻之姊妹同出為姨。」郝懿行義疏：「蓋古之媵女，取於姪娣。姊為妻，則娣為妾，同事一夫，是謂同出。」可備一說。

妿 ē　女師也。从女，加聲。杜林說：加教於女也。讀若阿。〔烏何切〕

【注釋】

段注：「《詩》：言告師氏。毛傳：『師，女師也。古者女師教以婦德、婦言、婦容、婦功。』李善引《漢書音義》曰：婦人年五十無子者為傅。」

娒 mǔ（姆）　女師也。从女，每聲。讀若母。〔莫后切〕

【注釋】

今作姆。又叫傅母，指古代教育未婚女子的婦人。《詩經》：「言告師氏，言告言歸。」

段注：「娒，婦人年五十無子，出而不復嫁，能以婦道教人者。《左傳》：宋大災，宋伯姬卒，待姆也。何注《公羊》曰：禮，后、夫人必有傅母，所以輔正其行，衛其身也。選老大夫為傅，選老大夫妻為母。按母即娒也，今音每，與母殊，古音同在一部耳。故許作娒，《字林》及《禮記音義》作姆也。」

媾 gòu　重婚也。从女，冓聲。《易》曰：匪寇，婚媾。〔古候切〕

【注釋】

段注：「重婚者，重疊交互為婚姻也。杜注《左傳》曰：重婚曰媾。按字从冓者，謂若交積材也。《曹風》：不遂其媾。毛傳曰：媾，厚也。引申之義也。」

本義是交互為婚姻，親上結親。泛指婚姻，今有「婚媾」。又指結合、交合，「交媾」謂雌雄配合。講和謂之「媾和」。引申厚待、厚愛義，《詩經》：「彼其之子，不遂其媾。」從冓之字多有交合、結交義，見前「冓」字注。

姼 chǐ　美女也。从女，多聲。〔尺氏切〕 姼，或从氏。

【注釋】

美女，引申為美好，如「姼姼公主，乃女烏孫」。

古者女子以豐碩為美，故《詩經》有「碩人」篇，從多之字多有大義，見前「哆」字注。

妭 bá　婦人美也。从女，犮聲。〔蒲撥切〕

【注釋】

本義是婦人容貌美麗，常「妭媚」連用，如「妭媚於宮，女感於室也」。又寫作「薄媚」。「妭」「妖」俗字相類，典籍常相訛。

段注：「《廣韻》引婦人美皃，大徐作婦人美也。按《廣韻》曰：妭，鬼婦。引《文字指歸》云：『女妭，禿無髮，所居之處天不雨。』此謂旱魃也。魃在《鬼部》，與此各字，而俗亂之。」

嫨xī　女隸也。从女，奚聲。〔胡雞切〕

【注釋】

即甲骨文奚字也，本義是女奴隸。

段注：「《周禮》作奚，叚借字也。《酒人》：女酒三十人，奚三百人。鄭注：古者从坐男女，沒入縣官為奴，其少才智者以為奚。今之侍史官婢，或曰奚宦女。《守祧》：女祧每廟二人，奚四人。鄭曰：奚，女奴也。」

婢bì　女之卑者也。从女，从卑，卑亦聲。〔便俾切〕

【注釋】

段注：「《內則》：父母有婢子。鄭曰：『所通賤人之子。』是婢為賤人也。而《曲禮》：自世婦以下，自稱曰婢子。《左傳》秦穆姬言『晉君朝以入，則婢子夕以死』，是貴者以婢子自謙。婢亦稱婢子，與《內則》婢子不同也。」

奴nú　奴、婢，皆古之罪人也。《周禮》曰：其奴，男子入於罪隸，女子入於舂藁。从女，从又。〔臣鉉等曰：又，手也，持事者也。〕〔乃都切〕古文奴，从人。

【注釋】

本義是奴婢，又女子自稱為奴，後世稱「奴家」。《水滸傳》：「大官人真的要勾引奴家。」妾本義也是女性奴隸，又作為女子自稱。同步引申也。

段注：「鄭司農云：『謂坐為盜賊而為奴者，輸於罪隸、舂人、槀人之官也。由是觀之，今之為奴婢，古之罪人也。故《書》曰：予則奴戮汝。《論語》曰：箕子為之奴。《春秋傳》曰：斐豹，隸也，著於丹書。玄謂奴从坐而沒入縣官者，男女同名。』

按許用仲師說，入罪隸者奴，入舂槀者可呼婢。引申之，凡水不流曰奴，木之類近根者奴。毛傳曰：帑，子也。《左傳》鳥帑，鳥尾也。駑馬，下乘也。其字皆當作奴，皆引申之義也。」

妉**yì　　婦官也。从女，弋聲。〔與職切〕**

【注釋】

此「姬妾」之本字也，姬本義是姓氏，非本字明矣。

段注：「《廣韻》曰：漢有鉤妉夫人，居鉤弋宮。《漢書》亦作弋。玉裁按，如淳曰：『姬音怡，眾妾之總稱也。』引《漢官》：姬妾數百。瓚曰：姬，內官也，位次婕好下。瓚說、淳音皆是也，婦官字當作妉，漢時借姬為之。」

媊**qián　　甘氏《星經》曰：太白上公，妻女女媊。女媊居南斗，食厲，天下祭之，曰明星。从女，前聲。〔昨先切〕**

媧**wā　　古之神聖女，化萬物者也。从女，咼聲。〔古蛙切〕****籀文媧，从㒼。**

【注釋】

媧，今簡化作娲，草書楷化字形也。

「化萬物者也」，化之本義是生育，媧、化音近，女媧得名於其生育了人類。本楊琳先生說。

娀**sōng　　帝高辛之妃，偰母號也。从女，戎聲。《詩》曰：有娀方將。〔息弓切〕**

【注釋】

有娀氏即殷之鼻祖契之母親簡狄也。《詩經》有「玄鳥」篇。

段注：「偰見《人部》，高辛氏之子，堯司徒，殷之先也。按有娀，諸家說為國名。《長發》鄭箋云：『有娀氏之國，亦始廣大。』許氏偰母號者，以其國名為之號，故《長發》傳曰：有娀，契母也。是亦以為號也。」

娥**é　　帝堯之女，舜妻娥皇字也。秦晉謂好曰娙娥。从女，我聲。〔五何切〕**

【注釋】

堯把二女娥皇、女英嫁給舜，舜南巡死在湖南九嶷山，二妃尋夫，淚落綠竹，今叫湘妃竹或斑竹。尋夫未果，投湘江而死，化作湘水之神，曰湘靈。毛澤東詩：「九嶷山上白雲飛，帝子乘風下翠微。」

段注：「《方言》：娥，好也。秦曰娥。秦晉之間，凡好而輕者謂之娥。漢武帝制，倢伃、娙娥、傛華、充依，皆有爵位。」

娥，美女也，西北地區女子取名多用娥字。詞牌名有「憶秦娥」。唐堯的妹妹叫嫦娥，堯的根據地是山西，古為唐國，所以堯叫唐堯。黃帝之妻嫘祖，名皇娥，黃帝的根據地是陝西。《楊家將》中五郎、七郎之妻叫李月娥、杜金娥，遼代蕭太后之二女名瓊娥、瑤娥。楊家本後漢山西人氏，後投大宋。《狸貓換太子》中太后劉娥，山西人氏，亦後漢劉氏宗親。

《隋唐英雄》中羅成之妻名辛月娥。南唐李後主妻周娥皇，李唐王朝源自太原，故李後主之國叫南唐。今《白鹿原》中有田小娥，《平凡的世界》中有王彩娥，《秦腔》中有黑娥、白娥，皆陝西人氏。

嫄 yuán　部國之女，周棄母字也。从女，原聲。〔愚袁切〕

【注釋】

即姜嫄也。周代之始祖后稷，乃其母姜嫄踩巨人腳印所生，《詩經》中有「生民」篇。

段注：「部舊作台，誤，今正。《邑部》曰：部者，炎帝之後，姜姓所封，周棄外家國也。裴駰引《韓詩章句》曰：姜，姓。原，字。按《史記》作原。」

嬿 yàn　女字也。从女，燕聲。〔於甸切〕

【注釋】

常用義是美，《七發》：「嬿服而御。」「嬿婉」即「燕婉」，貌美貌，《詩經》：「燕婉之求。」

段注：「《毛詩》：燕婉之求。傳曰：燕，安。婉，順也。《韓詩》作嬿婉。嬿婉，好皃。」

妸 ē　女字也。从女，可聲。讀若阿。〔烏何切〕

【注釋】

婀娜，又作「妸娜」。

嬃 xū　女字也。《楚辭》曰：女嬃之嬋媛。賈侍中說：楚人謂姊為嬃。从女，須聲。〔相俞切〕

【注釋】

女嬃，屈原之姐也。古代楚國人稱姐為嬃。

段注：「樊噲以呂后女弟呂須為婦，須即嬃字也。《周易》：歸妹以須。鄭云：須，有才智之稱，天文有須女。按鄭意須與諝、胥同音通用。諝者，有才智也。王逸、袁山松、酈道元皆言：女嬃，屈原之姊。惟鄭注《周易》，屈原之妹名女須，《詩正義》所引如此，妹字恐姊字之訛。」

婕 jié　女字也。从女，疌聲。〔子葉切〕

【注釋】

今有「婕妤」，本字當作「倢伃」，見前「伃」字注。

漢代宮中女官名，一直沿用到明代，漢代爵位比列侯。漢成帝妃有班婕妤，才女也，傳世有《團扇賦》。段注：「師古《漢書》注曰：倢伃字或从女，其音同耳。」

嬩 yú　女字也。从女，與聲。讀若余。〔以諸切〕

【注釋】

段注：「倢伃之伃，蓋亦可用此。《人部》曰：伃，婦官也。」

孁 líao　女字也。从女，霝聲。〔郎丁切〕

【注釋】

段注：「漢婦官十四等中有娛，靈蓋可作孁。」

嫽 liáo　女字也。从女，尞聲。〔洛蕭切〕

【注釋】

常用義是美貌，又指聰明。

段注：「《廣韻》：相嫽戲也。此今義也。按《毛詩》傳及許《人部》曰：僚，好貌。蓋亦可用此字。《方言》：釥、嫽，好也。」

婇 yī　女字也。从女，衣聲。讀若衣。〔於稀切〕

【注釋】

段注：「漢婦官十四等中充依，依蓋可用此字。」

婤 zhōu　女字也。从女，周聲。〔職流切〕

姶 è　女字也。从女，合聲。《春秋傳》曰：嬖人婤姶。一曰：無聲。〔烏合切〕

改 jǐ　女字也。从女，己聲。〔居擬切〕

【注釋】

妲己，古同「妲改」。《玉篇》：「妲改也。」此紂王妃蘇妲己之本字也。

妵 tǒu　女字也。从女，主聲。〔天口切〕

奺 jiǔ　女字也。从女，久聲。〔舉友切〕

【注釋】

段注：「古音在一部，小徐本作姒，《廣韻》曰：亦作姒。」

婀 èr　女號也。从女，耳聲。〔仍吏切〕

始 shǐ　女之初也。从女，台聲。〔詩止切〕

【注釋】

女之初者，謂女子初潮也。女之初猶婦之初，古人婦、女往往通用。女子以生育為本務，女子未潮時，雖有女人之形，但無其功能。而後女子有了生育能力，是真正女人的開始，故始從台聲。始、胎、苔皆同源詞也。本楊樹達說。

朱駿聲《說文通訓定聲》：「裁衣之始為初，草木之始為才，人身之始為首為元，築牆之始為基，開戶之始為扉，子孫之始為祖，形生之始為胎。」

常用義才也，方才也，如「參觀到下午五點始畢」。又曾經也，今有「未始不可」，即「未嘗不可」「未曾不可」。段注：「有叚殆為始者，《七月》毛傳云：殆，始也。」

媚 mèi　　說也。从女，眉聲。〔美秘切〕

【注釋】

本義是愛、喜愛。

《詩・大雅・思齊》：「思媚周姜。」《詩・大雅・下武》：「媚茲一人。」毛傳曰：「媚，愛也。」古詩：「我既媚君姿，君亦悅我顏。」引申之，姿態可愛謂之媚，如「嫵媚」「春光明媚」。取悅於人亦謂之媚，如「奴顏媚骨」「媚態」「獻媚」。

嫵 wǔ　　媚也。从女，無聲。〔文甫切〕

【注釋】

嫵媚，姿態美好。

段注：「《上林賦》：嫵媚纖弱。李善引《埤倉》曰：嫵媚，悅也。按嫵媚可分用，《張敞傳》：長安中傳京兆眉憮。憮即嫵字。蘇林曰：憮音嫵。北方人謂眉好為詡畜。」

媄 měi　　色好也。从女，从美，美亦聲。〔無鄙切〕

【注釋】

此「美貌」之後起本字也。段注：「按凡美惡字可作此。《周禮》作媺，蓋其古文。」

嫿 xù　　媚也。从女，畜聲。〔丑六切〕

【注釋】

嫿，好也。又有忌妒義，《廣雅》：「嫿，妒也。」

嫷 duò（媠）　　南楚之外謂好曰嫷。从女，隋聲。〔臣鉉等曰：今俗

省作媠，《唐韻》作妥，非是。〕〔徒果切〕

【注釋】

同「媠」，美好的樣子。

姝 shū　好也。从女，朱聲。〔昌朱切〕

【注釋】

本義是長得漂亮，又指美女，《天龍八部》有「朱碧雙姝」，阿朱、阿碧也。

段注：「《邶風》傳曰：姝，美色也。《衛風》傳曰：姝，順皃。《齊風》傳曰：姝，初昏之皃。各隨文為訓也。」

好 hǎo　美也。从女、子。〔徐鍇曰：子者，男子之美稱。會意。〕〔呼皓切〕

【注釋】

本義是長得好，《西門豹治鄴》：「此女子不好，另求好女。」引申為人品好。惡本義是人長得醜，引申為人品差。同步引申也。古代圓形有孔的錢幣或玉器，其孔謂之好，孔外的實體部分謂之肉。孔、好一聲之轉也。

戴家祥《金文大字典》：「《孟子》：而摟其處子。處子即處女也，好即由處子會意。處子，女子之妙齡美好時期，乃有美義。」

段注：「媄也。各本作美也，今正。與上文媄為轉注也。好本謂女子，引申為凡美之稱。凡物之好惡，引申為人情之好惡，本無二音，而俗強別其音。」

嬹 xìng　說也。从女，興聲。〔許應切〕

【注釋】

此「高興」之後起本字也。

段注：「李善注潘岳《關中詩》、顏延年《和謝靈運詩》皆引《說文》：興，悅也。謂興與嬹古同也，今惟《漢功臣表》有甘泉侯嬹。」

嬮 yān　好也。从女，厭聲。〔於鹽切〕

姅 shū　好也。从女，殳聲。《詩》曰：靜女其姅。〔昌朱切〕

姣 jiǎo　好也。从女，交聲。〔胡茅切〕

【注釋】

本義是漂亮，如「容貌姣好」。

段注：「姣謂容體壯大之好也。《史記》：長姣美人。按古多借佼為姣，如《月令》『養壯佼』、《陳風・澤陂》箋『佼大』，皆姣字也。《小雅・白華》箋云：姣大之人。《陳風》『佼人』字又作姣。《方言》云：自關而東河泲之間凡好謂之姣。」

嬽 yuān（娟）　好也。从女，睘聲。讀若蜀郡布名。〔委員切〕

【注釋】

後作娟，《說文》本無娟字，徐鉉新附之。秀麗美好謂之娟，「娟娟」，秀美貌。

段注：「《上林賦》：柔嬈嬽嬽。郭璞曰：皆骨體耎弱長豔皃也。今《文選》訛作嫚嫚，《漢書》不誤，《史記》作嬛嬛，則是別本。按今人所用娟字當即此。」

娧 tuì　好也。从女，兌聲。〔杜外切〕

【注釋】

段注：「《召南》：舒而脫脫兮。傳曰：脫脫，舒貌。按脫蓋即娧之假借，此謂舒徐之好也。」

媌 miáo　目裹好也。从女，苗聲。〔莫交切〕

【注釋】

眼眶裏眼珠好看，即眉目好看。

泛指漂亮，《列子》：「簡鄭衛之處子，娥媌靡曼者，施芳澤，正蛾眉。」「娥媌」指輕盈美好也，代指美女。又指妓女，《字彙》：「今閔人謂妓為媌。」

段注：「目裹好者，謂好在匡之裹也。凡《方言》言順、言矊、言鑠、言盱、言揚，皆謂目之好外見也，惟媌狀目裹。《方言》曰：媌，好也。自關而東河濟之間謂之媌。按此謂纖細之好也。」

嫿 huà　靜好也。从女，畫聲。〔呼麥切〕

【注釋】

姽嫿，形容女子嫻雅美好，如「既姽嫿於幽靜兮，又婆娑乎人間」。

婠 wān　　**體德好也。从女，官聲。讀若楚郤宛。〔一完切〕**

娙 xíng　　**長好也。从女，巠聲。〔五莖切〕**

【注釋】

身材修長。

段注：「秦晉謂好為娙娥，漢婦官十四等有娙娥，武帝邢夫人號娙娥。」從巠之字多有長、直義，見前「巠」字注。

嬪 zàn　　**白好也。从女，贊聲。〔則旰切〕**

【注釋】

段注：「色白之好也。《通俗文》：服飾鮮盛，謂之嫧嬪。《聲類》：嬪，綺也。皆引申之義也。」

嫋 luǎn（孌）　　**順也**[1]**。从女，𤔔聲。《詩》曰：婉兮嫋兮。〔力沇切〕 籀文嫋**[2]**。**

【注釋】

[1] 今通行籀文孌，本義是美好的樣子。

「孌童」本謂容貌姣好的男孩，泛指舊時供人狎玩的美男子。《靜女》：「靜女其孌，俟我於城隅。」段注：「《邶風》傳曰：孌，好貌。《齊風》傳曰：婉孌，少好貌。」

[2]《說文》：「孌，慕也。」此戀之本字。嫋、孌本一詞之歷時異體字，後分別異用。嫋不常用，後孌仍佔據本義，另造戀字。三字職能轉移路徑是：嫋→孌→戀。

段注辨之甚詳，云：「小篆之孌，為今戀字，訓慕。籀文之孌，為小篆之嫋，訓順。形同義異，不嫌復見也。今《毛詩》作孌，正用籀文。」

娩 wǎn　　**婉也。从女，夗聲。〔於阮切〕**

婉 wǎn　　順也。从女，宛聲。《春秋傳》曰：太子痤婉。〔於阮切〕

【注釋】

婉者，順從、溫順也，今有「婉轉」「委婉」。又有美好義，《詩經》:「有美一人，婉如清揚。」又有簡約義，如「婉約派」，婉、約同義連文。

㛦 dòng　　直項貌。从女，同聲。〔他孔切〕

嫣 yān　　長貌。从女，焉聲。〔於建切〕

【注釋】

本義是身材高大而美麗，《玉篇》:「嫣，長美貌。」今指美好、鮮豔也，如「嫣然一笑」。「嫣紅」謂濃豔的紅色。「姹紫嫣紅」形容百花豔麗。

段注：「《詩》毛傳：頎頎，長皃。頎與嫣聲相近也。《文選》：嫣然一笑。注引王逸云：嫣，笑皃。然《大招》字作嗎，許書無嗎字。」

姌 rǎn　　弱長貌。从女，冄聲。〔而琰切〕

【注釋】

段注：「按毛詩曰：荏染，柔意也。荏染即姌也。」

嫋 niǎo　　姌也。从女，从弱。〔奴鳥切〕

【注釋】

柔弱細長貌。今作為裊之異體。如「炊煙嫋嫋」「草木嫋嫋」「餘音嫋嫋」「嫋娜的身姿」，皆柔美婉轉貌。

段注：「《九歌》：嫋嫋兮秋風。王曰：嫋嫋，秋風搖木皃。弱亦聲，形聲中有會意。」

孅 xiān　　銳細也。从女，韱聲。〔息廉切〕

嫇 míng　　嬰嫇也。从女，冥聲。一曰：嫇嫇，小人貌。〔莫經切〕

【注釋】

從冥之字多有小義，見前「覭」字注。嫈嫇，小心的樣子，又嬌羞貌，如「春遊轢霍靡，彩伴颯嫈嫇」。

段注：「《廣韻》嫈下作嫈嫇，玄應引《字林》：嫈嫇，心態也。即許書嫈下之『小心態也』。《九思》作瑩嫇，疑今本《說文》有舛誤。」

媱 yáo　　曲肩行貌。从女，䍃聲。〔余招切〕

【注釋】

要媱，舞貌。段注：「《九思》：音案衍兮要媱。舞容也，《廣韻》曰：媱，美好。」

嬛 xuān　　材緊也。从女，瞏聲。《春秋傳》：嬛嬛在疚。〔許緣切〕

【注釋】

嬛嬛，音 qióng，孤獨貌，《詩經》：「嬛嬛在疚。」一本作「煢煢」。「嬛嬛」又音 yuān，輕盈美麗貌。

段注：「《上林賦》：便嬛綽約。郭璞曰：便嬛，輕利也。按《宀部》引《詩》：煢煢在宂，此引傳『嬛嬛在疚』，正與今《詩》《春秋》煢、嬛字互易。《魏風》又作睘睘，傳曰：無所依也。」

姽 guǐ　　閑體，行姽姽也。从女，危聲。〔過委切〕

【注釋】

姽姽，安閑貌。「姽嫿」，形容女子嫻雅美好。

委 wěi　　委隨也。从女，从禾。〔臣鉉等曰：委，曲也。取其禾穀垂穗委曲之貌，故从禾。〕〔於詭切〕

【注釋】

本義是曲折。委隨，猶逶迤、委蛇也。今有「委婉」，保留本義。

常用義是堆積，《廣雅》：「委，積也。」《長恨歌》：「花鈿委地無人收。」又有拋棄義，《孟子》：「委而去之，是地利不如人和也。」另有江河的下游義，今有「原委」。原為源頭，委為支脈。又有確實義，今有「委實不錯」。委有送義，「委輸」同義連文，運送也。

段注：「《毛詩・羔羊》傳曰：委蛇者，行可从跡也。《君子偕老》傳曰：委委者，行可委曲从跡也。按隨其所如曰委，委之則聚，故曰委輸，曰委積。所輸之處亦稱委，故曰原委。」

婐 wǒ　　妮也。一曰：女侍曰婐。讀若騧，或若委。从女，果聲。孟軻曰：舜為天子，二女婐。〔烏果切〕

【注釋】

常用義是侍候。

段注：「三字句，今本刪婐字，非也。婐妮與旖施音義皆同，俗作婀娜。《孟子·盡心篇》：二女果。趙曰：果，侍也。依許說則果當女旁。一曰：果敢也。小徐有此五字，果敢《爾雅》《倉頡篇》皆作惈。」

妮 nuǒ　　婐妮也。一曰：弱也。从女，戹聲。〔五果切〕

【注釋】

婐妮，即婀娜。

姑 chān　　小弱也。一曰：女輕薄善走也。一曰：多技藝也。从女，占聲。或讀若占。〔齒懾切〕

【注釋】

從占之字多有小義，見前「貼」字注。

娎 chān　　妗也。从女，沾聲。〔丑廉切〕

妗 xiān　　娎妗也。一曰：善笑貌。从女，今聲。〔火占切〕

【注釋】

段注：「《玉篇》曰：娎妗，善笑貌。按《集韻》：俗謂舅母曰妗。巨禁切。舅之妻不稱母，云舅母亦里語也。」

嬌 jiǎo　　竦身也。从女，篙聲。讀若《詩》：糾糾葛屨。〔居夭切〕

【注釋】

段注：「竦身取自申之意，凡言夭矯者，當用此字。讀如此糾字。」

婧 jìng　竦立也。从女，青聲。一曰：有才也。讀若韭菁。〔七正切〕

【注釋】

女子有才謂之婧。段注：「女有字婧者，《列女傳》曰：妾婧者，齊相管仲之妾也。」

姘 jìng　靜也。从女，井聲。〔疾正切〕

妅 fá　婦人貌。从女，乏聲。〔房法切〕

嫙 xuán　好也。从女，旋聲。〔似沿切〕

【注釋】

《詩經》「子之還兮」之本字也。段注：「《齊風》：子之還兮。韓詩作嫙。嫙，好貌。」

嬣 qí　材也。从女，齊聲。〔祖雞切〕

【注釋】

《詩經》「誰其尸之，有齊季女」之本字也。《廣雅》：「嬣，好也。」《玉篇》引《詩》：「有嬣季女。」

姡 huó　面醜也。从女，昏聲。〔古活切〕

【注釋】

常用義是面貌醜陋。

嬥 tiáo　直好貌。一曰：嬈也。从女，翟聲。〔徒了切〕

【注釋】

直好，謂挺直而美也。此「窈窕淑女」之本字也。《說文》：「窕，深肆極也。」非本字明矣。嬥之言擢也，同源詞也。

段注：「直好，直而好也。嬥之言擢也。《詩》：佻佻公子。《魏都賦》注云：佻或作嬥。《廣韻》曰：嬥嬥，往來皃。」

嫢 guī　　媞也。从女，規聲。讀若癸。秦晉謂細為嫢。〔居隨切〕

【注釋】

腰美。段注：「《方言》曰：嫢、笙、揫、摻，皆細也。自關而西秦晉之間謂細而有容曰嫢。」

媞 shì　　諦也。一曰：妍黠也。一曰：江淮之閒謂母曰媞。从女，是聲。〔承指切〕

【注釋】

《詩經》「好人提提」之本字也。毛傳：「提提，安諦也。」朱熹集傳：「安舒之意。」《爾雅》：「媞媞，安也。」

段注：「諦者，審也。審者，悉也。《詩》：好人提提。傳云：提提，安諦也。《釋訓》：媞媞，安也。孫炎曰：行步之安也。《檀弓》：吉事欲其折折爾。注云：安舒貌。按折者，提之訛。提者，媞之叚借字也。」

婺 wù　　不繇也。从女，敄聲。〔亡遇切〕

【注釋】

婺女即女宿也，也叫須女。

段注：「繇者，隨從也。不繇者，不隨從也。今此字無用者矣，惟婺女，星名。婺州，地名。」

嫺 xián（嫻）　　雅也。从女，閒聲。〔戶閒切〕

【注釋】

今作嫻，幽靜貌。常用有二義：一熟練，如「嫻熟」；二文靜，今有「嫻雅」「嫻靜」。

段注：「雅之叚借之義為素也。嫺雅，今所謂嫺習也。嫺古多借閑為之，《邶風》：棣棣。毛傳曰：棣棣，富而閑也。今本作閑習，杜注《左》所引無習字，蓋古本也。習則能暇，故其字从閒。」

嫛 yí　　說樂也。从女，配聲。〔許其切〕

【注釋】

今「熙熙攘攘」之本字也。

段注：「按《老子》《史記》天下熙熙字，皆當為嫛嫛，今熙行而嫛廢矣。熙者，燥也，謂暴燥也，其義別。」

婜 qiān　　美也。从女，臤聲。〔苦閑切〕

娛 yú　　樂也。从女，吳聲。〔噳俱切〕

【注釋】

段注：「古多借虞為之。」《漢書．王褒傳》：「虞說耳目。」「虞心」謂怡悅心情也。

娭 xī　　戲也。从女，矣聲。一曰：卑賤名也。〔遏在切〕

【注釋】

段注：「今之嬉字也，今嬉行而娭廢矣。」今音 āi，娭毑，祖母也，又稱年老的婦人，南方方言。

媅 dān　　樂也。从女，甚聲。〔丁含切〕

【注釋】

段注：「《衛風》：無與士耽。傳曰：耽，樂也。《小雅》：和樂且湛。傳曰：湛，樂之久也。耽、湛皆假借字，媅其真字也，假借行而真字廢矣。」

娓 wěi　　順也。从女，尾聲。讀若媚。〔無匪切〕

【注釋】

娓娓，形容談話不倦或說話具有吸引力，如「娓娓而談」「娓娓動聽」。又勤勉貌，通「亹亹」，《爾雅》：「亹亹，勉也。」

段注：「《詩》《易》用亹亹字，學者每不解其何以會意形聲，徐鉉等乃妄云當作娓。而近者惠定宇氏从之，校李氏《易集解》及自為《周易述》皆用娓娓。《抑》《思》毛、鄭釋《詩》皆云：勉勉。康成注《易》亦言沒沒。釁之古音讀如門，勉、沒皆疊韻字。然則亹為釁之訛體，釁為勉之假借。」

嫡 dí　　孎也。从女，啇聲。〔都歷切〕

【注釋】

孎，謹慎也。

段注：「按俗以此為嫡庶字，而許書不爾。蓋嫡庶字古只作適。適者，之也，所之必有一定也。凡今經傳作嫡者，蓋皆不古。」

孎 zhú　　謹也。从女，屬聲。讀若人不孫為孎。〔之欲切〕

【注釋】

段注：「《廣雅》：洞洞、屬屬，敬也。屬蓋孎之省。」

嬽 yuàn　　宴嬽也。从女，冤聲。〔於願切〕

【注釋】

安順美好，《詩經》「燕婉之求」之本字也。

段注：「《邶風》：燕婉之求。傳曰：宴，安。婉，順也。《西京賦》曰：嫵婉，美好之貌。按古宛、冤通用，婉、嬽音義皆同。」

媕 yǎn　　女有心媕媕也。从女，弇聲。〔衣檢切〕

【注釋】

常用美貌義。「媕婴」指依違從人，敷衍逢迎，又指猶豫不決。

媣 rǎn　　諟也。从女，染聲。〔而琰切〕

嫥 zhuān　　壹也。从女，專聲。一曰：嫥嫥。〔職緣切〕

【注釋】

今「專一」之本字也。《說文》：「專，六寸簿也。一曰：專，紡專。」本義是紡錘，非本字明矣。段注：「凡嫥壹字古如此作，今則專行而嫥廢矣。」

如 rú　　从隨也。从女，从口。〔徐鍇曰：女子从父之教，从夫之命，故从口。會意。〕〔人諸切〕

【注釋】

本義是跟從、依從，今有「不如人意」。常用義往也。《爾雅》：「如，往也。」

段注：「幼從父兄，嫁從夫，夫死從子，故《白虎通》曰：女者，如也。引申之，凡相似曰如，凡有所往曰如，皆從隨之引申也。」

如之虛詞義甚多。而也，《鹽鐵論》：「見利如前，乘便而起。」而、如一聲之轉。或也，《論語》：「安見方六七十如五六十而非邦也者？」於也，《呂氏春秋》：「人之困窮，甚如飢寒。」

又形容詞詞尾，今有「突如其來」「空空如也」。如者，同也。「如夫人」，小妾也。「同進士」，三等進士也。同者，和也。如也有和義，《禮記》：「公如大夫入。」同步引申也。

嫧 zé　齊也。从女，責聲。〔側革切〕

【注釋】

本義是整齊、美好。段注：「謂整齊也，《方言》：嫶、嫧、鮮，好也。南楚之外通語也。」

婥 chuò　謹也。从女，束聲。讀若謹敕數數。〔測角切〕

嬐 xiān　敏疾也。一曰：莊敬貌。从女，僉聲。〔息廉切〕

嬪 pín　服也。从女，賓聲。〔符真切〕

【注釋】

聲訓也。賓聲，聲兼義也，賓有服從義，如「四海賓服」。常用義是帝王之妾，如「嬪妃媵嬙」。嬪是宮廷裏的女官。

《禮記》：「古者天子后立六宮，三夫人，九嬪。」除了王后和三夫人外，其他九嬪以下既是王的嬪妾，也是執掌各方面的女官。北魏孝文帝時，才將宮中女官（又稱宮官、女職）與嬪御加以區別。女官和嬪御不同，女官屬於僕役；嬪御則是君主之妾侍，屬於皇族。有些女官職銜兼作嬪御，所以嬪既可訓為女官，也指帝王之妾。婕好既是女官，也是帝王之妾。

段注：「《堯典》曰：釐降二女於嬀汭，嬪於虞。《大雅》曰：摯仲女任，自彼殷商，來嫁于周，曰嬪于京。傳曰：嬪，婦也。按婦者，服也，故釋嬪亦曰服也。《老子》賓與臣同義，故《詩》曰：率土之賓，莫非王臣。嬪與婦同義，亦其理也。」

𡠗 zhì　至也。从女，執聲。《周書》：大命不𡠗。讀若摯同。一曰：《虞書》雉𡠗。〔脂利切〕

婚 tà　俛伏也。从女，沓聲。一曰：伏意。〔他合切〕

妟 yàn　安也。从女、日。《詩》曰：以妟父母。〔烏諫切〕

【注釋】

此宴之初文也。《說文》：「宴，安也。」今「四海晏清」之本字也。《說文》：「晏，天清也。」本義是天晴無雲，非本字明矣。

嬗 shàn　緩也。从女，亶聲。一曰：傳也。〔時戰切〕

【注釋】

據《說文》，「嬗變」者，緩變也。嬗之常用義是變，「嬗變」或為同義連文。「嬗變」常連用，故嬗沾染了變義。

「一曰：傳也」，段注：「依許說，凡禪位字當作嬗，禪非其義也，禪行而嬗廢矣。」《說文》：「禪，祭天也。」非本字明矣。《漢書》：「堯嬗以天下。」正是禪讓義。班固喜用古字，不用通行之禪字。

嫴 gū　保任也。从女，辜聲。〔古胡切〕

【注釋】

保任者，同義連文。今「辜負」之本字也。

段注：「原許君之義，實不專謂罪人保嫴，謂凡事之估計豫圖耳。《廣雅》曰：嫴搉，都凡也。是其理也。」

「保辜」，中國舊律規定，毆傷人未至死，官府會立下一定的觀察期限保護傷者。如被害人在期限內平復，即減輕犯罪人的刑罰；如被害人在期限內死亡，則對犯罪人以殺人罪論處。所定的期限稱為辜限，春秋時已有此制。

唐律視傷人手段和輕重程度不同，規定了不同的辜限，「手足毆傷人限十日，以他物毆傷人者二十日，以刃及湯火傷人者三十日，折跌支體及破骨者五十日」。以後歷代沿用，略有變化。

媻 pán（婆）　　奢也。从女，般聲。〔臣鉉等曰：今俗作婆，非是。〕〔薄波切〕

【注釋】

今俗字作婆。段注：「《廣雅》《釋詁》皆曰：般，大也。媻之从般，亦取大意。」從般之字、之音多有大義，見前「幋」字注。

娑 suō　　舞也。从女，沙聲。《詩》曰：市也媻娑。〔素何切〕

【注釋】

本義是跳舞貌。《詩·陳風·東門之枌》：「子仲之子，婆娑其下。」毛傳：「婆娑，舞也。」又樹枝分披貌，如「樹影婆娑」。

姷 yòu（侑）　　耦也。从女，有聲。讀若祐。〔于救切〕 姷，或从人。

【注釋】

小徐本「祐」作「佑」，小徐多俗字。

今通行重文侑。本義是相助，常用義勸酒、勸食，如「侑食」「侑飲」「侑觴」。又通「宥」，寬容、饒恕，《管子》：「文有三侑，武毋一赦。」

段注：「耕有耦者，取相助也。引申之凡相助曰耦，姷之義取乎此。《周禮·宮正》：以樂侑食。鄭曰：侑猶勸也。按勸即助。《左傳》：王享醴，命晉侯宥。杜云：既饗又命晉侯助以束帛。以助釋宥。古經多叚宥為侑，《毛詩》則叚右為之，傳曰：右，勸也。」

姰 jūn　　均適也，男女並也。从女，旬聲。〔居勻切〕

婜 zī　　婦人小物也。从女，此聲。《詩》曰：屢舞婜婜。〔即移切〕

【注釋】

此「一些」之本字也，些的本義是小，故本字當作婜。《說文》本無些字，徐鉉新附之，「些，語辭也」，常用於《楚辭》。從此之字多有小義，見前「些」字注。

段注：「小物謂用物之瑣屑者，今人用些字取微細之意，即姕之俗體也。」

妓 jì　　婦人小物也。从女，支聲。讀若跂行。〔渠綺切〕

【注釋】

段注：「今俗用為女伎字。」妓女之本字當作伎。

嬰 yīng　　頸飾也。从女、賏。賏，貝連也。〔於盈切〕

【注釋】

本義是頸上的裝飾。

常用義是纏繞，如「疾病嬰身」。「嬰疾」，疾病纏身也。又假借為「攖」，觸犯也，《荀子》：「兵勁城固，敵國不敢嬰也。」從賏，賏亦聲。

段注：「繞者，纏也，一切纏繞如賏之纏頸，故其字从賏。《越絕書》：嬰禁楯以白璧。《司馬法》：大夫嬰弓。《山海經》：嬰以百圭百璧。謂陳之以環祭也。又燕山多嬰石，言石似玉，有符采嬰帶也。凡史言嬰城自守，皆謂以城圍繞而守也。凡言嬰兒，則嫛婗之轉語。」

𡜊 càn　　三女為𡜊。𡜊，美也。从女，奴省聲。〔倉案切〕

【注釋】

段注：「按經傳作粲，假借字。陸德明曰：《字林》作㛑，漢晉字之變遷也。《唐風．綢繆》曰：今夕何夕，見此粲者。毛傳：三女為粲，大夫一妻二妾。」

媛 yuán　　美女也，人所援也。从女，从爰。爰，引也。《詩》曰：邦之媛兮。〔玉眷切〕

【注釋】

美女為媛，美士為彥。

《詩經．鄘風》：「邦之媛也。」毛傳曰：「美女為媛。援者，引也。謂人所欲引為己助者也。」據毛傳，援、媛，同源詞也。「嬋媛」謂姿態美好貌；又牽連、相連也。

娉 pìn　　問也。从女，甹聲。〔匹正切〕

【注釋】

段注：「凡娉女及聘問之禮，古皆用此字。至於聘則為妻，則又造字，所以从女之故。而經傳概以聘代之，聘行而娉廢矣。」

《說文》：「聘，訪也。」二字蓋同源詞也。聘問曰聘，聘女為娉。今作為「娉婷」字，姿態美好貌，如「娉婷世無雙」。

娽 lù　　隨从也。从女，彔聲。〔力玉切〕

【注釋】

今「碌碌無為」之本字也。

段注：「《史記・平原君列傳》曰：公等錄錄，因人成事。王卲云：錄錄，借字。《說文》娽娽，隨從之貌也。」《說文》：「碌，石貌。」非本字明矣。

妝 zhuāng　　飾也。从女，牀省聲。〔側羊切〕

【注釋】

妆乃隸變俗字也，參「病」字。本義是梳妝、妝飾。特指出嫁女子的陪送衣物，如「送妝」「嫁妝」。

段注：「《宋玉賦》曰：體美容冶，不待飾裝。《上林賦》：靚粧刻飾。粧者，俗字。裝者，假借字。」

孌 luǎn　　慕也。从女，䜌聲。〔力沇切〕

【注釋】

娈乃草書楷化俗字。此「戀愛」之本字也，見前「嫋」字注。

今作美好義，如「孌女」「孌童」。《詩・邶風・靜女》：「靜女其孌，貽我彤管。」毛傳：「既有靜德，又有美色。」

段注：「此篆在籀文為嫋，順也。在小篆為今之戀，慕也。凡許書復見之篆皆不得議刪。《廣韻》曰：戀，慕也。孌、戀為古今字。」

媟 xiè　　嬻也。从女，枼聲。〔私列切〕

嬻 dú　　媟嬻也。从女，賣聲。〔徒谷切〕

【注釋】

媟嬻，今「褻瀆」之本字也。

段注：「媟與《日部》暬義似同而實異，宋人合為一字，非也。《方言》曰：媟，狎也。《漢・枚乘傳》曰：以故得媟黷貴倖。今人以褻衣字為之，褻行而媟廢矣。單言之曰媟、曰嬻，累言之曰媟嬻。今人以溝瀆字為之，瀆行而嬻廢矣。」

嫕 zhuó　　短面也。从女，竅聲。〔丁滑切〕

【注釋】

段注：「《淮南書》曰：聖人之思修，愚人之思叕。高注：叕，短也。《方言》：黜，短也。注：蹶黜，短小皃。嫕篆蓋形聲兼會意。」

嬖 bì　　便嬖，愛也。从女，辟聲。〔博計切〕

【注釋】

本義是寵愛，動詞，如「幽王嬖愛褒姒」，今有「嬖愛」。國君寵幸的人謂之嬖，如「嬖臣」「嬖人」。

「便嬖」，《玉篇》作便僻，孔子曰：「益者三友，損者三友。友直，友諒，友多聞，益矣。友便辟，友善柔，友便佞，損矣。」「便辟」謂諂媚逢迎也。

嫛 qì　　難也。从女，毄聲。〔苦賣切〕

【注釋】

此「白首甘契闊」之本字也。契闊，辛苦也。

段注：「《大東》傳曰：契契，憂苦也。《擊鼓》傳曰：契闊，勤苦也。按契與嫛音近，《廣韻》：嫛，音契。」

妎 hài　　妒也。从女，介聲。〔胡蓋切〕

【注釋】

嫉妒也，今音 xì。害有嫉妒義，本字當是妎，《屈原列傳》：「上官大夫心害其能。」段注：「《字林》亦云：疾妎，妬也。」

妒 dù　　婦妒夫也。从女，戶聲。〔當故切〕

媢 mào　夫妒婦也。从女，冒聲。一曰：相視也。〔莫報切〕

【注釋】

常用義是嫉妒。

媄 yāo（妖）　巧也。一曰：女子笑貌。《詩》曰：桃之媄媄。从女，芺聲。〔於喬切〕

【注釋】

今俗字作妖。引申有媚、豔麗義，今有「妖嬈」「妖冶」。「妖祥」謂凶吉的徵兆，《淮南子》：「國有妖祥。」

段注：「此與祅各字，今用媄為祅，非也。《木部》已稱『桃之枖枖』矣，此作媄媄，蓋三家詩也。」

佞 nìng　巧諂高材也。从女，信省。〔臣鉉等曰：女子之信，近於佞也。〕〔乃定切〕

【注釋】

巧慧諂諛又有高超的口才。

佞的本義是口才好，能說會道。《論語》：「雍也仁而不佞。」《小爾雅》：「佞，才也。」今「不佞」謂沒有才能，多用作謙辭，如「臣不佞，自少有驅逐四方之志」。引申巧言諂媚，如「姦佞」「佞臣」。

嫈 yīng　小心態也。从女，熒省聲。〔烏莖切〕

【注釋】

從嬰之字、之音多有小義，見前「鶯」「嚶」字注。

嫪 láo　婟也。从女，翏聲。〔郎到切〕

【注釋】

憐惜不捨。

婟 hù　嫪也。从女，固聲。〔胡誤切〕

【注釋】

愛戀不捨，如「婣權不欲歸」。《聲類》：「婣嫪，戀惜也。」古同「媁」，忌恨。

段注：「《爾雅》：鴑，澤虞。郭注：今婣澤鳥，常在澤中，見人輒鳴喚不去。」

姿 zī　　態也。从女，次聲。〔即夷切〕

【注釋】

今有「姿態」，同義連文。常用義是容貌，今有「姿容」「丰姿」。又指形態，今有「姿勢」。

嫭 jù　　嬌也。从女，虘聲。〔將預切〕

【注釋】

驕也，嫉妒也。

段注：「驕俗本作嬌，小徐不誤。古無嬌字，凡云嬌即驕也。《文選・琴賦》：或怨嫭而躊躇。《幽憤詩》：恃愛肆姐。姐即嫭之省。李善皆引《說文》：嫭，嬌也。《與魏文帝牋》：蹇姐名昌。姐亦嫭字。按《心部》：怚，驕也。音義皆同。」

妨 fáng　　害也。从女，方聲。〔敷方切〕

【注釋】

本義是危害，今有「妨害」，「妨父母」，危害也。舊讀 fāng，今河南方言仍有此語，「妨男人」猶言剋夫也。引申為阻礙義。

妄 wàng　　亂也。从女，亡聲。〔巫放切〕

【注釋】

本義是亂，今有「妄加猜測」「輕舉妄動」，保留本義。引申為荒誕義，如「此言妄矣」。《弟子規》：「詐與妄，奚可為？」

婾 tōu（偷）　　巧黠也。从女，俞聲。〔託侯切〕

【注釋】

本義是狡猾聰明。此偷盜之本字也，段注：「偷盜字當作此婾。」《說文》無偷字。後與偷成了異體字，簡化漢字廢婾。

又作為女名用字，音 yú，在此意義上和偷不是異體字。婾既廢除，作繁簡轉化時仍會出現把「王小婾」轉成「王小偷」者。

嫭 hù　　嫭㐭，貪也。从女，污聲。〔胡古切〕

【注釋】

今「貪污」之本字也。污的本義是池子，非本字明矣。

娋 shào　　小小侵也。从女，肖聲。〔息約切〕

【注釋】

今「稍微」之後起本字也。

段注：「侵者，漸進也。凡用稍稍字，謂出物有漸。凡用娋娋字，謂以漸侵物也。《方言》：娋，姊也。方俗語也。」段注太過拘泥。

娱 duǒ　　量也。从女，朵聲。〔丁果切〕

【注釋】

《廣韻》作挆，云：「稱量也。」

妯 chōu　　動也。从女，由聲。〔徐鍇曰：當从冑聲。〕〔徒歷切〕

【注釋】

本義是擾動，不平靜。後作為妯娌字。

段注：「《小雅》：憂心且妯。《釋詁》《毛傳》皆曰：妯，動也。箋云：妯之言悼也。《方言》：妯，擾也。人不靜曰妯。按《心部》引《詩》：憂心且怞。」

嫌 xián　　不平於心也。一曰：疑也。从女，兼聲。〔戶兼切〕

【注釋】

本義是怨恨，心裏不平靜。

嫌有討厭義，今有「嫌棄」「討人嫌」；有懷疑義，今有「嫌疑」；有仇恨、怨恨義，今有「不計前嫌」。段注：「《心部》曰：慊，疑也。嫌與慊義別。」

婿 shěng　　減也。从女，省聲。〔所景切〕

【注釋】

此「減省」之本字也。

段注：「減者，損也。按《水部》又曰：渻，少減也。然則婿、渻音義皆同，作省者假借字也，省行而婿、渻廢矣。」《說文》：「省，視也。」本義是省親之省，看也。非本字明矣。

婼 chuò　　不順也。从女，若聲。《春秋傳》曰：叔孫婼。〔丑略切〕

【注釋】

《爾雅》：「若、惠，順也。」若有順義，乃常用義。從若訓不順，所謂相反為義也。

段注：「《毛詩》傳曰：若，順也。此字从若則當訓順，而云：不順也。此猶祀从巳，而訓祭無巳也。」

婞 xìng　　很也。从女，幸聲。《楚辭》曰：鯀婞直。〔胡頂切〕

【注釋】

很者，違背不順。

小徐本有「一曰：見親」。段注：「按凡親幸、嬖幸，當作此婞。」據段注，婞乃今「寵幸」「臨幸」之本字也。

嫳 piè　　易使怒也。从女，敝聲。讀若擊擎。〔匹滅切〕

【注釋】

《廣韻》：「嫳，輕薄之皃。」

嬗 zhǎn　　好枝格人語也。一曰：靳也。从女，善聲。〔旨善切〕

【注釋】

枝格，抵觸也。或謂打斷岔開，亦通。善聲，聲兼義。善，易也。如「女人善變」。

娺 zhuó　　疾悍也。从女，叕聲。讀若唾。〔丁滑切〕

㜝 ǎn　含怒也。一曰：難知也。从女，酓聲。《詩》曰：碩大且㜝。〔五感切〕

娿 ē　媕娿也。从女，阿聲。〔烏何切〕

【注釋】

猶豫不決貌，見前「媕」字注。

段注：「媕娿雙聲字，《韻會》作陰阿，李燾本作陰娿。《集韻》《類篇》同，《廣韻》曰：媕娿不決。」

姸 yán　技也。一曰：不省錄事。一曰：難侵也。一曰：惠也。一曰：安也。从女，幵聲。讀若研。〔五堅切〕

【注釋】

常用義是漂亮，如「百花爭姸」「姸媸不分」。

段注：「技者，巧也。《釋名》曰：『姸，研也。研精於事宜則無蚩繆也。蚩，癡也。』按此為今用姸媸字所本。《方言》：自關而西秦晉之故都謂好曰姸。」

娃 wā　圜深目貌。或曰：吳楚之閒謂好曰娃。从女，圭聲。〔於佳切〕

【注釋】

常用義是少女，非娃娃也，如「嬌娃」。

柳永《望海潮》：「嬉嬉釣叟蓮娃。」吳王夫差為西施修建宮殿，曰館娃之宮。趙武靈王有愛妾叫吳娃，岳飛妻名李娃，唐傳奇有《李娃傳》，皆美少女也。

《方言》：「娃，美也。吳楚衡淮之間曰娃，故吳有館娃之宮。」段注：「窪，深池也。窐，甑空也。凡圭聲字義略相似。」同源詞也。

㛅 shǎn　不媚，前卻㛅㛅也。从女，陝聲。〔失冉切〕

妜 yuè　鼻目閒貌。讀若煙火炔炔。从女，決省聲。〔於說切〕

孈 huì　愚戇多態也。从女，巂聲。讀若隓。〔式吹切〕

娡 huì　　不說也。从女，恚聲。〔於避切〕

【注釋】

今「恚怒」之本字也。恚者，恨也。娡從恚聲，形聲中有會意。

嫼 mò　　怒貌。从女，黑聲。〔呼北切〕

娍 yuè　　輕也。从女，戉聲。〔王伐切〕

嫖 piào　　輕也。从女，票聲。〔匹招切〕

【注釋】

今作為嫖娼字。漢館陶公主名劉嫖，蓋取輕、美義。

段注：「漢霍去病票姚校尉，票姚讀如飄搖，謂輕疾也。荀悅《漢紀》作票鷂，音亦同耳。」

姓 qiē　　訬疾也。从女，坐聲。〔昨禾切〕

【注釋】

輕薄。訬，輕薄也。

姎 āng　　女人自稱，我也。从女，央聲。〔烏浪切〕

媁 wéi　　不說貌。从女，韋聲。〔羽非切〕

【注釋】

從韋，聲兼義也。

婎 huī　　姿婎，姿也。从女，隹聲。一曰：醜也。〔許惟切〕

【注釋】

今「暴戾恣睢」之本字也，亦「雖然」之本字也。

段注：「恣也，各本作姿也，今正。按《心部》恣者，縱也。諸書多謂暴厲曰恣睢，睢者，仰目也，未見縱恣之意。蓋本作姿婎，或用恣睢為之也。《集韻》《類篇》皆云：姿雄，自縱貌。此許義也。今用雖為語詞，有縱恣之意。蓋本當作雄，假雖為之耳，雖行而雄廢矣。」

嫌 xián　有守也。从女，弦聲。〔胡田切〕

媥 piān　輕貌。从女，扁聲。〔芳連切〕

嫚 màn　侮易也。从女，曼聲。〔謀患切〕

【注釋】

侮辱也，今有「侮嫚」，《漢書》：「單于嘗為書嫚呂太后。」

段注：「嫚與《心部》之慢音同義別，凡嫚人當用此字。」慢的本義是怠慢。

婳 chā　疾言失次也。从女，臿聲。讀若懾。〔丑聶切〕

嬬 rú　弱也。一曰：下妻也。从女，需聲。〔相俞切〕

【注釋】

「濡弱」之本字也，如「女子以濡弱謙下為表」。濡的本義是水名，非本字明矣。

段注：「嬬之言濡也。濡，柔也。」「下妻」者，段注：「下妻猶小妻。《後漢書·光武紀》曰：依託為人下妻。《周易》：歸妹以須。《釋文》云：『須，荀、陸作嬬。陸云：妾也。』」

古代大夫的妻謂之孺人，後指宋代五品官、明清七品官之母親和妻子的封號。今敬稱婦女仍用「老孺人」，本字或當為「嬬」。

娝 pōu　不肖也。从女，否聲。讀若竹皮箁。〔匹才切〕

嬯 tái　遲鈍也。从女，臺聲。闒嬯亦如之。〔徒哀切〕

【注釋】

今「駘劣」之本字也。

段注：「《集韻》：儓，當來切，此字也，今人謂癡如是。」《說文》：「駘，馬銜脫也。」又指劣馬，「駑駘」謂劣馬，庸才。「闒嬯」猶言闒茸也，庸碌也。

嬋 niǎn　　下志貪頑也。从女，覃聲。讀若深。〔乃添切〕

嫸 cǎn　　婪也。从女，參聲。〔七感切〕

婪 lán　　貪也。从女，林聲。杜林說：卜者黨相詐驗為婪。讀若潭。〔盧含切〕

【注釋】

貪原指貪財，婪原指貪食，後無別。

嬾 lǎn（懶）　　懈也，怠也。一曰：臥也。从女，賴聲。〔洛旱切〕

【注釋】

今作懶，俗字也。

婁 lóu（娄）　　空也。从毋、中、女，空之意也。一曰：婁務也。〔洛侯切〕 古文。

【注釋】

娄乃草書楷化字形。本義是空，今有「婁空」，保留本義。從婁之字多有空義，見前「窶」字注。今天津語身體虛叫「身體婁」，亦空義也。

段注：「凡中空曰婁，今俗語尚如是。凡一實一虛，層見迭出曰婁，人曰離婁，窗牖曰麗廔，是其意也。故婁之義又為數也，此正如窗牖，麗廔之多孔也。而轉其音為力住切，俗乃加尸旁為屢字。古有婁無屢也，《毛詩》：婁豐年。傳曰：婁，亟也。亟者，數也。」

娎 xiè　　娎婡也。从女，折聲。〔許列切〕

婡 xiè　　得志婡婡。一曰：婡，息也。一曰：少气也。从女，夾聲。〔呼帖切〕

嬈 niǎo（嬲）　　苛也。一曰：擾戲弄也。一曰：嬥也。从女，堯聲。〔奴鳥切〕

【注釋】

俗字作嬲。本義是煩擾，今作為「妖嬈」字。苛有煩擾義。

段注：「苛者，小艸也，引申為瑣碎之稱。玄應曰：苛，煩也，擾也。嬈亦惱也。玄應引《三倉》：嬲，乃了切，弄也，惱也。按嬲乃嬈之俗字。近孫氏星衍云：嬲即嫋字草書之訛。然嵇康艸跡作嬲，玄應引《三倉故》有嬲字，則未可輕議。」

嫛 huǐ　惡也。一曰：人貌。从女，毀聲。〔許委切〕

姍 shān　誹也。一曰：翼便也。从女，刪省聲。〔所宴切〕

【注釋】

本義是誹謗，即訕字。

段注：「《漢書》：姍笑三代。說者謂即訕字也。」《說文》：「訕，謗也。」段注：「訕與《女部》姍音義同。」「一曰：翼便也」，翼，輕也。即今「姍姍來遲」義也。姍姍，形容走路緩緩從容的樣子。

媨 cù　醜也。一曰：老嫗也。从女，酋聲。讀若蹴。〔七宿切〕

【注釋】

從酋，聲兼義也。酋，緊也，聚也。物聚則縮而不展，故為醜義。《說文》：「鼀，圥鼀，詹諸也。其鳴詹諸，其皮鼀鼀，其行圥圥。」

段注：「鼀鼀猶蹙蹙也。其身大，背黑，多痱磊，此言所以名蜘鼀、圥鼀也。蜘之義蓋取於拳局。」癩蛤蟆之所以叫「鼀」，與其身上的疙瘩有關。媨、鼀，同源詞也。

嫫 mò　嫫母，都醜也。从女，莫聲。〔莫胡切〕

【注釋】

都，大也。無鹽、嫫母，古之醜女。無鹽又作「無豔」，俗語有「無事夏迎春，有事鍾無豔」，無豔醜極，然才高卓群。

段注：「都猶最也。民所聚曰都，故凡數曰都，詣極亦曰都。《漢書·古今人表》：嫫母，黃帝妃，生蒼林。荀卿賦、《四子講德論》皆作嫫姆。《講德論》曰：嫫姆倭傀，善譽者不能揜其醜。」

婓 fēi　　往來婓婓也。一曰：醜貌。从女，非聲。〔芳非切〕

【注釋】

段注：「《小雅》毛傳曰：騑騑，行不止之貌。與婓音義皆同。」同源詞也。

孃 niáng（娘）　　煩擾也。一曰：肥大也。从女，襄聲。〔女良切〕

【注釋】

今「煩攘」之本字也。攘有擾亂義，《淮南子》：「攘天下，害百姓。」本字當作孃。後孃作爺孃字，今簡化漢字作娘。

古孃、娘二字有別，娘是少女之號，如武媚娘、杜十娘、扈三娘、宋二娘、趙京娘等，不能寫作孃，爺孃字也不能寫作娘。但在俗字系統中常混而不別。

段注：「今人用擾攘字，古用孃。《賈誼傳》作搶攘，《莊子・在宥》作傖囊，《楚辭》作恇攘，俗作劻勷，皆用叚借字。今攘行而孃廢矣。又按《廣韻》：孃，女良切，母稱。娘亦女良切，少女之號。唐人此二字分用畫然，故耶孃字斷無有作娘者，今人乃罕知之矣。」

嬒 kuài　　女黑色也。从女，會聲。《詩》曰：嬒兮蔚兮。〔古外切〕

【注釋】

《黑部》曰：「黵，沃黑色也。」同源詞也。

媆 ruǎn（軟、嫩）　　好貌。从女，耎聲。〔而沇切〕〔臣鉉等案：《切韻》又音奴困切。今俗作嫩，非是。〕

【注釋】

此軟之俗字，後改音作 nèn，即今嫩字。訓讀造成改音。語言中有 nèn 這個詞，但無字，就寫了個同義的媆字，但仍讀作 nèn，久之則媆就有了 nèn 音，改形作嫩，嫩就產生了。

段注：「俗作輭，按俗音奴困切，又改其字作嫩。」軟為後起俗字，產生前常寫作輭字。

婩 yàn　　誣挐也。从女，奄聲。〔依劍切〕

【注釋】

污蔑。

嬵 lán　過差也。从女，監聲。《論語》曰：小人窮斯嬵矣。〔盧瞰切〕

【注釋】

此「濫用」之後起本字也。濫之本義是泛濫。

段注：「凡不得其當曰過差，亦曰嬵，今字多以濫為之。《商頌》：不僭不濫。傳曰：賞不僭，刑不濫也。濫行而嬵廢矣。」今《論語》作濫。

嫯 ào　侮易也。从女，敖聲。〔五到切〕

【注釋】

今「傲慢」之後起本字也。段注：「字與傲別，今則傲行而嫯廢矣。」《說文》：「傲，倨也。」

婬 yín　私逸也。从女，㸒聲。〔余箴切〕

【注釋】

此「淫蕩」之後起本字也。段注：「婬之字今多以淫代之，淫行而婬廢矣。」《說文》：「淫，侵淫隨理也。一曰：久雨為淫。」本義是浸潤或久雨。

姘 pīn　除也[1]。《漢律》：齊人予妻婢奸曰姘。[2] 从女，并聲。〔普耕切〕

【注釋】

［1］此「擯棄」之本字也。擯之本義是引導，乃儐之異體。

段注：「按《詩》：作之屏之，其菑其翳。《論語》曰：屏四惡。屏皆謂除也。依許則屏，蔽也。姘，除也。義各有當，經傳皆用屏，屏行而姘廢矣。」

［2］今姘作為姘居字。民作人，避諱故也。

段注改作「齊民與妻婢奸曰姘」，云：「齊民，凡人齊於民也。禮，士有妾，庶人不得有妾。故平等之民與妻婢私合名之曰姘，有罰。此姘取合併之義。」

奸 gān　犯淫也。从女，从干，干亦聲。〔古寒切〕

【注釋】

奸的本義是干犯。犯淫者，犯姦淫之罪也。

段注：「此字謂犯姦淫之罪，非即姦字也，今人用奸為姦，失之。引申為凡有所犯之稱，《左傳》多用此字，如『二君有事，臣奸旗鼓』之類。」

「奸」「姦」二字有別，《說文》：「姦，私也。」二字古代音義皆不同，「奸」是干擾、干犯義，「姦」才是今姦邪義。後來，「姦」也可寫作「奸」，今簡化漢字廢「姦」。

姅 bàn　　婦人污也。从女，半聲。《漢律》曰：見姅變，不得侍祠。〔博幔切〕

【注釋】

即女子月經，古人叫「月事」。據段注，則女性月經、生育、小產等都謂之姅，常特指月經。

段注：「謂月事及免身及傷孕皆是也。《廣韻》曰：姅，傷孕也。傷孕者，懷子傷也。按見姅變，如今俗忌入產婦房也，不可以侍祭祀。」

娗 tǐng　　女出病也。从女，廷聲。〔徒鼎切〕

【注釋】

本義是婦女子宮脫出的病。後作為「婷」之異體字，修長美好貌。從廷之字多有拔出義，如「鋌而走險」「挺拔」等。

段注：「《廣雅》曰：娗娗，容也。《廣韻》有娗無婷，唐喬知之、杜甫詩皆用娉婷字，娉婷皆讀平聲，疑娗、婷同字，長好貌。」

婥 nào　　女病也。从女，卓聲。〔奴教切〕

【注釋】

本義是女病，即白帶也。今作為「綽約」字，「婥約」謂姿態柔美貌。

段注：「《廣韻》：婥約，美貌。此今字今義也。」《說文》：「綽，緩也。」則婥為通假字也。

娷 zhuì　　諉也。从女，垂聲。〔竹恚切〕

【注釋】

段注：「《言部》曰：諈諉，累也。又曰：諉，累也。按累者，若今言以此累人也，娷與諈音義皆同。」

㛴 nǎo（惱）　有所恨也。从女，𡿺聲。今汝南人有所恨曰㛴。〔臣鉉等曰：𡿺，古囟字，非聲。當从㛴省。〕〔奴皓切〕

【注釋】

今作惱字。

《說文》無惱字。惱，恨也。今河南方言仍有此語。段注：「㛴之从𡿺者，與思之从囟同意。懊惱，《樂府》作懊憹。」

媿 kuì（愧）　慙也。从女，鬼聲。〔俱位切〕 媿，或从恥省。

【注釋】

今通行重文愧字。段注：「媿，或从恥省。按即謂从心可也。」可從。

吳大澂《說文古籀補》：「媿，姓也，後世借為慚愧字，而媿之本義廢矣。」高鴻縉《中國字例》：「媿為女姓，愧與聭均為慚。」晉文公妻叫季媿，趙衰妻名叔媿，生趙盾。近代漢語中「愧」有感謝義，如「感愧」。

奻 nuán　訟也。从二女。〔女還切〕

【注釋】

段注：「訟者，爭也。《周易・睽》傳曰：二女同居，其志不同行。《革》傳曰：二女同居，其志不相得。此奻从二女之意也。」

姦 jiān（奸）　私也。从三女。〔古顏切〕 古文姦，从心，旱聲。

【注釋】

見前「奸」字注。段注：「引申為凡姦宄之稱，俗作姧，其後竟用奸字。」

文二百三十八　重十八

嬙 qiáng　婦官也。从女，牆省聲。〔才良切〕

【注釋】

古代宮廷裏的女官名。妃、嬙的地位高於嬪、御。泛指宮女，如「嬪妃媵嬙」。後作為女名用字，如王昭君，名王嬙，字昭君。見前「嬪」字注。

妲 dá　女字。妲己，紂妃。从女，旦聲。〔當割切〕

【注釋】

妲，字也。己，國名。

嬌 jiāo　姿也。从女，喬聲。〔舉喬切〕

【注釋】

本義是美好、可愛，如「嬌嬈」。引申寵愛、嬌慣義，李白《上元夫人》：「偏得王母嬌。」

嬋 chán　嬋娟，態也。从女，單聲。〔市連切〕

【注釋】

嬋娟，姿態美好貌。美女亦謂之嬋娟。「千里共嬋娟」者，月亮也。

娟 juān　嬋娟也。从女，肙聲。〔於緣切〕

【注釋】

見前「嬛」字注。秀麗、美好也，多指姿態，如「娟秀」「娟娟」。

嫠 lí　無夫也。从女，𠩺聲。〔里之切〕

【注釋】

寡婦也，《赤壁賦》：「泣孤舟之嫠婦。」

姤 gòu　偶也。从女，后聲。〔古候切〕

【注釋】

本義是交互為婚姻，親上加親，義同「媾」。常用義是相遇。《周易》有姤卦，《周易·姤卦》：「彖曰：姤，遇也。」古本作遘。

文七 新附

毋部

毋 wú　　止之也。从女，有奸之者。凡毋之屬皆从毋。〔武扶切〕

【注釋】

容庚《金文編》：「毋、母為一字，後分化為禁止之詞，乃加一畫別之。」于省吾所謂「附畫因聲指事字」是也，毋、母古音近。

「毋」和「勿」用法有別，「勿」常否定及物動詞，且動詞常不帶賓語，帶賓語極為罕見，相當於「毋＋之」。「毋」可帶可不帶，如「餌兵勿食」「大毋侵小」「毋妄言」。二詞之區別，類似「弗」與「不」。在語法意義上，「毋」和「不」相當，「勿」和「弗」相當。見「弗」字注。

段注：「古通用無，《詩》《書》皆用無，《士昏禮》：夙夜毋違命。注曰：古文毋為無。是古文《禮》作無，今文《禮》作毋也。漢人多用毋，故《小戴禮記》《今文尚書》皆用毋，《史記》則竟用毋為有無字。古人云毋，猶今人言莫也。」

毐 ǎi　　人無行也。从士，从毋。賈侍中說：秦始皇母與嫪毐淫，坐誅，故世罵淫曰嫪毐。讀若娭。〔遏在切〕

【注釋】

本義是男子品行不端。嫪毐，秦始皇母與之淫者。

段注：「毐之本義如此，非為嫪毐造此字也。其人本姓邯鄲摎氏之摎，摎，力周、居由二切。許云罵之之詞，則無怪乎取其姓同音之字改為嫪，嫪之本音亦力周切也。嫪者，婟也。今俗謂婦人所私之人為婟嫪，乃古語也。」

文二

民部

民 mín　　眾萌也。从古文之象。凡民之屬皆从民。〔彌鄰切〕 古文民。

【注釋】

萌，通「氓」。

民的本義是奴隸，古代戰俘常作奴隸，要刺瞎左眼，作為標誌。西周稱奴隸曰民、曰臣、曰眾，民亦作氓。金文作、，郭沫若《金文叢考》:「民作一左目形，而有刃物以刺之，周人初以敵囚為民時，乃盲其左目以為奴徵。」

民又指人，《左傳》:「民有好惡喜怒哀樂。」故避諱常改民作人，如《齊民要術》作《齊人要術》。《捕蛇者說》:「以俟觀人風者得之。」

段注 :「萌，古本皆不誤。毛本作氓，非。古謂民曰萌，漢人所用不可枚數。萌猶懵懵無知皃也，鄭本亦斷非甿字。大氐漢人萌字，淺人多改為氓，繼又改氓為甿，則今之《周禮》是也。民、萌異者，析言之也。以萌釋民者，渾言之也。」

氓 méng　　民也。从民，亡聲。讀若盲。〔武庚切〕

【注釋】

本義是人民。古代稱民為氓，今有「蠶婦村氓」。特指外來的，自彼來此之民曰氓。古代的氓沒有流氓義，也不讀 máng。

段注 :「《詩》：氓之蚩蚩。傳曰：氓，民也。《孟子》：則天下之民皆悅而願為之氓矣。趙注 :『氓者，謂其民也。』按此則氓與民小別。蓋自他歸往之民則謂之氓，故字从民、亡。」

文二　重一

丿部

丿 piě　　右戾也。象左引之形。凡丿之屬皆从丿。〔徐鍇曰：其為文舉首而申體也。〕〔房密切〕

【注釋】

戾，曲也。段注 :「右戾者，自右而曲於左也，丿音義略同擎，書家八法謂之掠。」

乂 yì（刈）　　芟艸也。从丿、从乀相交。〔魚廢切〕 乂，或从刀。

【注釋】

甲骨文作，丁山曰 :「象剪刀形，是刈是濩，以刈百姓，皆當訓為剪。」

乂、刈本一字之異體，後分別異用。乂作為乂安字，刈作為刪割字，保留本義。乂常用義是治理，如「保國乂民」。又有安定義，如「四海安乂」。有才能的人謂之「俊乂」。

段注：「《周頌》曰：奄觀銍艾。艾者，乂之叚借字。銍者，所以乂也。《禾部》曰：獲，乂穀也。是則芟艸獲穀總謂之乂。鄭箋《詩》云：芟末曰艾。引申之，乂訓治也。許《辟部》云：嬖，治也。引《唐書》『有能俾嬖』，則嬖為正字。」

今按：「嬖為正字」者，當為後起本字也。

弗  fú　　撟也。从丿，从乀，从韋省。〔分勿切〕〔臣鉉等曰：韋所以束枉戾也。〕

【注釋】

段注改作「矯也」，據段注，弗當是拂之初文，矯正也。甲骨文作、，李孝定《甲骨文字集釋》：「正像矯箭使正之形。」

段注：「矯各本作撟，今正。撟者，舉手也，引申為高舉之用。矯者，揉箭箝也，引申為矯拂之用，今人不能辯者久矣。弗之訓矯也，今人矯弗皆作拂，而用弗為不，其誤蓋亦久矣。」

弗、不二字用法有別，弗相當於「不+之」，故常否定及物動詞，且及物動詞後不帶賓語。本丁聲樹先生說。《左傳》：「公弗許。」相當於「公不之許」。

段注：「《公羊傳》曰：『弗者，不之深也。』固是矯義。凡經傳言不者其文直，言弗者其文曲。如《春秋》：公孫敖如京師，不至而復。晉人納捷菑於邾，弗克納。弗與不之異也。《禮記》：雖有嘉肴，弗食，不知其旨也。雖有至道，弗學，不知其善也。弗與不不可互易。」

乀  fú　　左戾也。从反丿。讀與弗同。〔分勿切〕

【注釋】

段注：「自左而曲於右，故其字象自右方引之，乀音義略同拂，書家八法謂之磔。」

文四　重一

厂部

厂  yì　　抴也，明也。象抴引之形。凡厂之屬皆从厂。虒字从此。〔徐鍇曰：象厂而不舉首。〕〔余制切〕

【注釋】

抴，拽之異體字。

弋 yì　　橜也。象折木衺銳著形。从厂，象物挂之也。〔與職切〕

【注釋】

本義是小木樁，乃杙之初文。

常用義為用帶著繩子的箭來射鳥，如「弋鳧與雁」。泛指射獵，《晉書》：「出則漁弋山水。」引申為取也，《管子》：「弋其能者。」

甲骨文作，朱芳圃《殷周文字釋叢》：「字象橜形，今呼木樁也，上象椏杈，丿所以固之，椓於地上，或以繫牲，或以繫物。」

段注：「《爾雅》曰：橜謂之杙。按俗用杙為弋，顧（野王）用弋為隿射字，其誤久矣。杙者，劉杙（樹名）也，不為橜弋字。弋象形，故不从木也。」

文二

乁部

乁 yí　　流也。从反厂。讀若移。凡乁之屬皆从乁。〔弋支切〕

也 yě　　女陰也。象形。〔羊者切〕 秦刻石也字。

【注釋】

本義是女性生殖器。

音轉作丫，今雲南昭通方言仍如此，參姜亮夫《昭通方言疏證》。北京人罵人曰「你丫的」，猶謂你傻屄也。日本假名ゃ，乃也之草書字形，音 ya，可證丫確為也之音轉。

王筠《文字蒙求》認為也乃匜之初文，云：「也，古匜字。」匜乃洗臉之器具，人持之澆水於手，下有承盤，配套使用。《左傳》：「奉匜沃盥。」匜之形狀似半個瓢，頗似女陰剖面之半梨形。也、匜蓋同出一源也。

另有「地」字，大地乃萬物所由出，正如女陰乃人所由出，皆同源詞耳。章太炎謂天即顛，也即地，人的四肢可以活動，故人的最下部不是腳，而是臀部，故女陰謂之也。天在上，地在下；人首在上，人陰在下，其理一也。

段注：「此篆女陰是本義，叚借為語詞，本無可疑者，而淺人妄疑之，許在當時必有所受之，不容以少見多怪之心測之也。从乀，象形，乀亦聲。」

又段注：「薛尚功《歷代鐘鼎款識》載秦權一，秦斤一。而權作，斤作殹（謂秦權上的也字作，秦斤上的也字作殹），又知也、殹通用，鄭樵謂『秦以殹為也』之證也。殹蓋與兮同，兮、也古通，故《毛詩》兮、也二字，他書所稱或互易。《石鼓》：汧殹沔沔。汧殹即汧兮。」

文二　重一

氏部

氏shì　　巴蜀山名，岸脅之旁箸欲落墮者曰氏。氏崩，聞數百里。象形，乀聲。凡氏之屬皆从氏。楊雄賦：響若氏隤。〔承旨切〕

【注釋】

氏像附著在山崖邊將要墜落的岩石形。

甲骨文作，林義光《文源》：「不像山岸脅之形，本義當為根柢，姓氏之氏亦由根柢之義引申。」段注認為氏是坻的初文，山體崩塌也，氏族本字當作是。

姓、氏之別，見「姓」字注。在遠古傳說中的人物名後面，在世襲的職官名後面，以及在朝代名後面都可以加氏，如「伏羲氏」「太史氏」「夏后氏」。

段注：「古經傳氏與是多通用。《漢書》、漢碑假氏為是不可枚數。故知姓氏之字本當作是，假借氏字為之，人第習而不察耳。姓者統於上者也，氏者別於下者也。是者，分別之詞也，其字本作是。漢碑尚有云姓某是者，今乃專為姓氏字，而氏之本義惟許言之，淺人以為新奇之說矣。」

氒jué　　木本。从氏，大於末。讀若厥。〔居月切〕

【注釋】

此木橛字之初文也。

厥、橛亦古今字。「讀若厥」，乃許書破假借之例。容庚《金文編》：「氒為橛之古文，亦為厥之古文。」

段注：「《木部》曰：木下曰本。本亦曰氒，氒者，言其勢然大也。古多用厤弋字為之。」

文二

氐部

氐 dǐ　至也。从氐下箸一。一，地也。凡氐之屬皆从氐。〔丁禮切〕

【注釋】

氐乃抵之初文也。

抵，到也。常用義是根本，後加木作柢。《詩經》：「尹氏太師，維周之氐。」「大抵」也作「大氐」，大概也。

段注：「氐之言抵也，凡言大氐，猶大都也。許書無低字。底，一曰：下也。而『昏』解云：『从日，氐省。氐者，下也。』是許說氐為高低字也。」

⿰氐垔 yìn　臥也。从氐，垔聲。〔於進切〕

瓞 dié　觸也。从氐，失聲。〔徒結切〕

⿱𦥑氐 xiào　闕。〔臣鉉等案：今《篇》《韻》音皓，又音效，注云：誤也。〕

【注釋】

《廣雅·釋詁》：「⿱𦥑氐，誤也。」後教切。

文四

戈部

戈 gē　平頭戟也。从弋，一橫之，象形。凡戈之屬皆从戈。〔古禾切〕

【注釋】

戈壁，謂沙漠地區，蒙古語。

肈 zhào（肇）　上諱。〔臣鉉等曰：後漢和帝名也。案李舟《切韻》云：擊也。从戈，肁聲。〕〔直小切〕

【注釋】

俗字作肇。

本義是打擊，假借作肇事字。肇事之本字當作肁，《說文》：「肁，始開也。」肇之常用義為始也，《爾雅》：「肇，始也。」如「肇端」。引申為發生，如「肇禍」謂闖禍也。今有「肇事」猶始事也。

段注：「按古有肈無肇，从戈之肈，漢碑或从殳，俗乃从攵作肇，而淺人以竄入許書《攴部》中。《玉篇》曰：肇，俗肈字。肁者，始開也，引申為凡始。今經典肈字俗訛从攵，不可不正。實則漢人肁字不行，只用肈字訓始。」

戎 róng　兵也。从戈，从甲。〔如融切〕

【注釋】

本義是兵器，今有「兵戎相見」。

古有「五戎」，五種兵器也，分別是弓矢、殳、矛、戈、戟也。引申為戰爭，如「國之大事，在祀與戎」。引申為軍隊，如「戎裝」「投筆從戎」。

段注：「兵之引申為車卒、步卒，故戎之引申亦為卒旅。兵可相助，故引申之義，《小雅》：烝也無戎。傳曰：戎，相也。又引申為戎狄之戎。又《民勞》傳：戎，大也。《方言》：戎，大也。宋魯陳衛之間語。又鄭《詩》箋云：戎，猶女也。猶之云者，以戎、汝雙聲而通之也。戎有讀若汝者，《常武》之詩是也。」

戣 kuí　《周禮》：侍臣執戣，立於東垂。兵也。从戈，癸聲。〔渠追切〕

【注釋】

古代一種兵器，屬戟類。段注：「某氏傳曰：戣瞿皆戟屬。鄭云：戣瞿蓋今三鋒矛。」

戰 gān　盾也。从戈，旱聲。〔侯旰切〕

【注釋】

干有盾牌義，如「干戈」，本字當作戰。

段注：「干戈字本作戰。干，犯也。戰，盾也。俗多用干代戰，干行而戰廢矣。《方言》：盾，自關而東或謂之瞂，或謂之干，關西謂之盾。」

戟 jǐ（戟）　有枝兵也。从戈、倝。《周禮》：戟長丈六尺也。讀若棘。

〔臣鉉等曰：倝非聲，義當从榦省。榦，枝也。〕〔紀逆切〕

【注釋】

隸變作戟。

引申有刺激義，《本草綱目》:「其根辛苦，戟人咽喉。」「戟口」謂口受刺激。戟，古書中也稱「棘」，是將戈和矛結合在一起。先秦之戟就是戈、矛之組合體，形制不可考。西周之戟，矛、戈都是整體鑄造。

方天戟、青龍戟兩邊呈月牙狀，皆後來之戟，非先秦之古戟，乃後人根據長柄「戟刀」設想而出，非實際存在。《五經總要》《三才圖會》皆未錄戟，只錄戟刀。呂布、薛仁貴、樊噲、典韋皆用戟，乃力大者所用之重兵器也。

段注:「戟為有枝之兵，則非若戈之平頭，而亦非直刃似木枝之衺出也。古制茫昧難知。」

戛 jiá　　戟也。从戈，从百。讀若棘。〔古黠切〕

【注釋】

本義是長矛。

引申出敲打義，又為象聲詞，如「戛然」，今有「戛然而止」。「戛戛」，困難貌，如「戛戛乎其難也」。鏗有敲擊義，也有象聲詞義，同步引申也。

段注:「《廣雅》曰：戛，戟也。《西京賦》：立戈迤戛。薛解云：戈謂句孑戟也。戛，長矛也。與許不合。《康誥》：不率大戛。《釋詁》：戛，常也。此謂戛同楷。《皋陶謨》：戛擊鳴球。《明堂位》作揩擊，《揚雄賦》作拮隔。此謂戛同扴，皆六書中之叚借。」

賊 zéi　　敗也。从戈，則聲。〔昨則切〕

【注釋】

本義是毀壞。

《論語》:「鄉原，德之賊也。」賊在上古不是小偷義，大逆不道的人叫「賊」，如曹賊、董賊。強盜也可叫賊。一般的小偷叫盜，「盜賊」連文也指小偷。偷無小偷義，是苟且義。今一般的小偷叫賊，大的小偷叫盜，如「江洋大盜」。

賊，害也。又指害人的人，如「老而不死是為賊」。引申為殺也，《韓非子》:「二人相憎，而欲相賊。」引申出狠毒義，《三國志》:「董卓狼戾賊忍。」殘也有害、狠毒義，同步引申也。

戍 shù　　守邊也。从人持戈。〔傷遇切〕

【注釋】

本義是戍守邊疆。引申為守邊的士兵，《左傳》：「乃歸諸侯之戍。」又指邊防的營壘或城堡，《魏書》：「可以築城置戍之處。」

戰 zhàn（战）　　鬭也。从戈，單聲。〔之扇切〕

【注釋】

战乃另造之俗字。商承祚曰：「單，象捕獸器形。古者以田狩習戰陣，戰從獸者，示戰爭如獵獸也。」

段注：「《左傳》曰：皆陳曰戰。戰者，聖人所慎也，故引申為戰懼。」本義是戰鬥，引申為發抖，如「戰慄」「寒戰」。

戲 xì（戏）　　三軍之偏也。一曰：兵也。从戈，䖒聲。〔香義切〕

【注釋】

戏乃另造之俗字。

本義是三軍的偏師，非主力部隊，猶言今之側翼。典籍中常作軍隊的旗幟義，該義後來寫作「麾」，《漢書》：「馳入吳軍，至戲下。」

段注：「一曰：兵也。一說謂兵械之名也。引申之為戲豫，為戲謔，以兵杖可玩弄也，可相鬥也，故相狎亦曰戲謔。《大雅》毛傳曰：戲豫，逸豫也。」

𢧀 dié　　利也。一曰：剔也。从戈，呈聲。〔徒結切〕

【注釋】

鐵（铁）從此聲。

或 yù（域）　　邦也。从口，从戈，以守一。一，地也。〔于逼切〕〔臣鉉等曰：今俗作胡國切，以為疑或不定之意。〕或，又从土。〔臣鉉等曰：今無復或音。〕

【注釋】

國之初文也。

甲骨文作，孫海波《甲骨文編》：「口象城形，以戈守之，國之義也。」吳大澂《說文古籀補》：「或，古國字，从戈守口，象域有垣。」劉心源《奇觚室吉金文述》：「或、域皆國字，後人分用。」或是域、國的初文，後分別異用。

作虛詞，又也，《詩經》：「既立之監，或佐之史。」「又」有有義，故「或」也有有義，《詩經》：「何斯違斯，莫敢或遑。」或，許也，有也許義，《左傳》：「天或啟之，必將為君。」今有「或許」，同義連文。又為語氣詞，用在否定句中，加強否定語氣，《論積貯疏》：「殘賊公行，莫之或止。」

段注：「蓋或、國在周時為古今字，古文只有或字，既乃複製國字。以凡人各有所守，皆得謂之或。各守其守，不能不相疑，故孔子曰：或之者，疑之也。而封建日廣，以為凡人所守之或字未足盡之，乃又加口而為國，又加心為惑。以為疑惑當別於或，此孳乳寖多之理也。

既有國字，則國訓邦，而或但訓有。漢人多以有釋或，《考工記・梓人》注：或，有也。《小雅・天保》箋、鄭《論語》注皆云：或之言有也。高誘注《淮南》屢言：或，有也。《毛詩》九有，《韓詩》作九域，緯書作九囿。」

𢧵jié（截）　　斷也。从戈，雀聲。〔昨結切〕

【注釋】

隸變作截。

段注：「《商頌》：九有有截。箋云：九州島齊壹截然。《大雅》：截彼淮浦。傳云：截，治也。」

𢦟kān　　殺也。从戈，今聲。《商書》曰：西伯既黎。〔口含切〕

【注釋】

今「戡亂」之本字也。

段注：「按漢魏六朝人𢦟、堪、戡、龕四字不甚區別，《左傳》：王心弗堪，《漢・五行志》作王心弗𢦟，勝也。《爾雅》曰：堪，勝也。郭注引《書・西伯堪黎》蓋訓勝，則堪為正字。或假𢦟，或假戡，又或假龕，皆以同音為之也。」

戕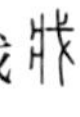qiāng　　搶也。他國臣來弒君曰戕。从戈，爿聲。〔士良切〕

【注釋】

本義是殘害、殺害。今有「戕害」「自戕」。「戕賊」謂傷害、損害也。搶為槍之俗體。

段注改作「槍」，云：「槍者，歫也。歫謂相抵為害。《小雅》：曰子不戕。傳曰：戕，殘也。此戕之正義。下又稱《左氏》例，為別一義。」

戮 lù　　殺也。从戈，翏聲。〔力六切〕

【注釋】

本義是殺死。

另有羞辱義，《廣雅》：「戮，辱也。」《荀子》：「身死國亡，為天下大戮。」又有並、合義，「戮力」謂合力、並力，如「戮力同心」。當為「勠」之借，今「勠」反不常用。段注：「古文或假翏為之，又勠力字亦假戮為勠。」

戡 zhěn / kān　　刺也。从戈，甚聲。〔竹甚、口含二切〕

【注釋】

常用義是平定，如「戡亂」。段注：「經史多假此為堪勝字。」

戭 yìn / yǎn　　長搶也。从戈，寅聲。《春秋傳》有擣戭。〔弋刃、以淺二切〕

【注釋】

段注：「《通俗文》曰：『剡木傷盜曰槍。』按槍非古兵器，戭亦非器名，取槍歫之義耳。今之用金曰槍者，則古之矛也。」

𢦏 zāi　　傷也。从戈，才聲。〔祖才切〕

【注釋】

裁、載、栽等字從此聲。傷者，害也。害，災也。此災害之本字也。《說文》：「災，天火曰災。」非本字明矣。

段注：「此篆與烖、菑音同而義相近，謂受創也。凡烖、載、𢦔之類以為聲。」

戩 jiǎn　滅也。从戈，晉聲。《詩》曰：實始戩商。〔即淺切〕

【注釋】

本義是消滅。

又有福義，《爾雅》：「戩，福也。」《封神演義》有楊戩，王國維有《戩壽堂所藏殷墟文字考》。《詩經》：「天保定爾，俾爾戩穀。」「戩穀」謂福祿也，朱熹集傳謂「盡善也」。由於朱注影響甚大，後「戩穀」又指盡善，為吉祥用語。戩也有了盡義。盡者，完也，完美也，如「人生大戩」。

段注：「《魯頌・閟宮》文，今《詩》作翦，按此引《詩》說叚借也。毛傳曰：翦，齊也。許《刀部》曰：𠜱，齊斷也。𠜱之字多叚翦為之，翦即𠜱。戩者，𠜱之叚借。毛云『𠜱，齊也』者，謂周至於大王，規模氣象始大，可與商國並立，故曰齊。《緜》詩古公以下七章是也，非翦伐之謂。」

𢦏 jiān　絕也。一曰：田器。从从持戈。古文讀若咸，讀若《詩》云：攕攕女手。〔臣鉉等曰：𢦏，銳意也，故从从。〕〔子廉切〕

【注釋】

此殲滅之初文也。段注：「斷之亦曰𢦏，與殲義相近。」

武 wǔ　楚莊王曰：夫武，定功戢兵，故止戈為武。〔文甫切〕

【注釋】

許書有徑舉經傳以為釋義之例。

武的本義是征戰示威。甲文作，上面是戈，下面是腳，于省吾《釋武》：「从戈从止，本義為征戰示威，征戰必有行，止即行也，戈即武器也。」春秋時代的武德不同於後來，春秋時以停止干戈，不打仗，帶來和平為武，故云止戈為武。

常用義是腳印，《爾雅》：「武，跡也。」《離騷》：「及前王之踵武。」古代六尺為步，半步為武，如「步武」，腳步也。泛指步，如「行不數武」。

戢 jí　藏兵也。从戈，咠聲。《詩》曰：載戢干戈。〔阻立切〕

【注釋】

本義是把兵器收藏起來。引申出收斂義，如「戢翼」。引申有止、停止義，如「戢怒」。

段注：「戢與輯音同。輯者，車輿也，可聚諸物，故毛訓戢為聚。《周南》傳亦云：揖揖，會聚也。《周語》：夫兵戢而時動，動則威，觀則玩，玩則無震。戢與觀正相對，故許易毛曰藏，以其字从戈，故曰藏兵。」

今按：「戢與觀正相對，故許易毛曰藏，以其字从戈，故曰藏兵」，段氏在告訴我們：「戢」訓為藏兵，只是字形所表示的一種意義，即構形義，並非是該字之本義。「戢」之本義不是藏兵器，而是一般的藏。

段氏深明此理，然亦常把構形義當字本義處理，而把字本義當作了構形義的詞義擴大、引申。構形義和字本義的界限就在於有無文獻用例，有則是本義，無則是構形義，但有時不易把握。同一個文獻用例理解也有偏差，故段氏常有依違齟齬者。

戠 zhī　闕。从戈，从音。〔之弋切〕

戔 cán（戋）　賊也。从二戈。《周書》曰：戔戔，巧言。〔徐鍇曰：兵多則殘也，故从二戈。〕〔昨干切〕

【注釋】

簡體字作戋，乃省略重複構件形成之俗字。此殘害之初文也。

戔，今音 jiān，常用義是小也、少也。今有「所得戔戔」「戔戔之數」「戔戔微物」。從戔之字多有小義，見前「賤」字注。

段注：「此與殘音義皆同，故殘用以會意，今則殘行而戔廢矣。《周書》曰：戔戔，巧言也。也字今補。按《公羊音義》注曰：諓諓，巧言也。許正用侍中說釋戔戔，與上賊義少別。」

文二十六　重一

戉部

戉 yuè（鉞）　斧也。从戈，乚聲。《司馬法》曰：夏執玄戉，殷執白戚，周左杖黃戉，右秉白髦。凡戉之屬皆从戉。〔臣鉉等曰：今俗別作鉞，非是。〕〔王伐切〕

【注釋】

本義是大斧，後加金作鉞。常作為帝王出行時的儀仗。

段注：「大斧也。一本奪大字，非。斧所以斫也。」《說文》：「乚，鉤識也。」

音 jué。

戚 qī　　戉也。从戉，尗聲。〔倉歷切〕

【注釋】

本義是大斧，《詩經》：「干戈戚揚。」皆兵器也。常用義有憂愁悲傷，如「休戚相關」「小人長戚戚」。另有親屬義，如「親戚」。

段注：「《大雅》曰：干戈戚揚。傳云：戚，斧也。揚，鉞也。依毛傳戚小於戉，揚乃得戉名。戚之引申之義為促迫，而古書用戚者，俗多改為蹙。戚訓促迫，故又引申訓憂，《小明》：自詒伊戚。傳曰：戚，憂也。度古只有戚，後乃別製慼字。」

文二

我部

我 wǒ　　施身自謂也。或說：我，頃頓也。从戈，从𠄒。𠄒，或說：古垂字，一曰：古殺字。凡我之屬皆从我。〔徐鍇曰：从戈者，取戈自持也。〕〔五可切〕 古文我。

【注釋】

甲文作，李孝定《甲骨文字集釋》：「契文象兵器之形。」像長柄齒刃兵器，鋸子之類。很早就借為第一人稱代詞。

段注：「施者，旗貌也，引申為施捨者，取義於旗流下垂也。《釋詁》曰：卬、吾、台、予、朕、身、甫、余、言，我也。又曰：朕、予、躬，身也。又曰：台、朕、賚、畀、卜、陽，予也。或以賚、畀、卜、予不同義，愚謂有我則必及人，故賚、畀、卜亦在施身自謂之內也。

《口部》曰：吾，我自稱也。《女部》曰：姎，女人自稱姎我也。《毛詩》傳曰：言，我也。卬，我也。《論語》二句，而我、吾互用，《毛詩》一句，而卬、我雜稱。蓋同一我義，而語音輕重緩急不同，施之於文若自其口出。」

今按：「愚謂有我則必及人，故賚、畀、卜亦在施身自謂之內也」，段注認為《爾雅》的「二義同條」的兩個意義之間有聯繫，牽強不可信。

義 yì（义）　　己之威儀也。从我、羊。〔臣鉉等曰：此與善同意，故

从羊。〕〔宜寄切〕《墨翟書》義从弗。魏郡有羛陽鄉，讀若錡，今屬鄴，本內黃北二十里。

【注釋】

此威儀之本字也。今簡化字作义，乃另造之俗字也。俗字體系中，義、乂常通用，為避免混淆，故加點作义。

義者，宜也。明白該做什麼、不該做什麼謂之義，與今之義不同。常用義假的，如「義肢」「義齒」，非親生謂之「義父」「義子」。

段注：「古者威儀字作義，今仁義字用之。儀者，度也，今威儀字用之。誼者，人所宜也，今情誼字用之。古者書儀但為義，今時所謂義為誼，是謂義為古文威儀字，誼為古文仁義字。故許各仍古訓，而訓儀為度。凡儀象、儀匹，引申於此，非威儀字也。」

文二　重二

亅部

亅 jué　**鉤逆者謂之亅。象形。凡亅之屬皆从亅。讀若橜。〔衢月切〕**

【注釋】

亅即橛之初文，象木樁子之形。段注：「鉤逆者為橜，謂橜為亅之假借字也。」「讀若橜」，許書有以讀若破假借之例。

乚 jué　**鉤識也。从反亅。讀若捕鳥罬。〔居月切〕**

【注釋】

今「乙正」之本字也，乃文獻學術語。

段注：「鉤識者，用鉤表識其處也。褚先生補《滑稽傳》：東方朔上書，凡用三千奏牘，人主从上方讀之，止，輒乙其處，二月乃盡。此非甲乙字，乃正乚字也，今人讀書有所鉤勒即此。

《內則》：魚去乙。鄭曰：『乙，魚體中害人者名也。今東海鰫魚有骨名乙，在目，狀如篆乙，食之鯁人不可出。』此亦非甲乙字，乃狀如篆乚也。魚腸名乙耳，不當別有乙也。戉斧之字，从乚為聲。」

文二

琴部

琴 qín　　**禁也。神農所作，洞越，練朱五弦，周加二弦。象形。凡琴之屬皆从琴。〔巨今切〕古文琴，从金。**

【注釋】

此聲訓也。禁者，禁人之欲望也。《白虎通》:「琴，禁也。以禁止淫邪，正人心也。」

從金，金亦聲。段注:「从金，形聲字也。今人所用琴字乃上从小篆，下作今聲。」「琴」字理據重組，變為形聲字。

瑟 sè　　**庖犧所作弦樂也。从琴，必聲。〔所櫛切〕古文瑟。**

【注釋】

「錦瑟無端五十弦」者，瑟本二十五弦，二瑟則五十弦，以譬男女二人也。常「瑟瑟」連用，表示輕微的聲音，如「秋風瑟瑟」；又形容顫抖，今有「瑟瑟發抖」；又碧綠色，古詩有「半江瑟瑟半江紅」。

段注:「凡弦樂以絲為之，象弓弦，故曰弦。《淇奧》傳曰：瑟，矜莊貌。《旱麓》箋曰：瑟，絜鮮貌。皆因聲假借也。瑟之言肅也，《楚辭》言：秋氣蕭瑟。」

文二　重二

琵 pí　　**琵琶，樂器。从琴，比聲。〔房脂切〕**

琶 pā　　**琵琶也。从琴，巴聲。義當用枇杷。〔蒲巴切〕**

文二　新附

㇄部

㇄ yǐn　　**匿也，象迟曲隱蔽形。凡㇄之屬皆从㇄。讀若隱。〔於謹切〕**

【注釋】

此「隱藏」之初文也。「讀若隱」者，許書有以讀若破假借之例。「乙密」者，隱秘也，「乙」或謂當為「㇄」之形誤。

直 zhí　正見也。从乚，从十，从目。〔徐鍇曰：乚，隱也。今十目所見，是直也。〕〔除力切〕 古文直。

【注釋】

正視也。段注：「《左傳》曰：正直為正，正曲為直。其引申之義也，見之審則必能矯其枉，故曰正曲為直。」

常用義豎也，古代用直不用豎，如「直行左書」，謂豎行也。引申有對當義，又有面對、遇到義，後作「值」。虛詞僅、只也，《孟子》：「直不百步耳，是亦走也。」正、直、特、徒、但，一聲之轉也。直，特也，專也。

有特地、故意義，《史記·留侯世家》：「良嘗閒從容步遊下邳圯上，有一老父，衣褐，至良所，直墮其履圯下。顧謂良曰：孺子，下取履！良鄂然，欲毆之。」

文二　重一

亡部

亡 wáng　逃也。从入，从乚。凡亡之屬皆从亡。〔武方切〕

【注釋】

本義是逃亡、丟失。今有「逃亡」「亡羊補牢」，引申為滅亡。又出門在外、不在家謂之亡，《論語》：「孔子時其亡也而往拜之。」今有「流亡在外」。

段注：「亡之本義為逃，今人但謂亡為死，非也。引申之則謂失為亡，亦謂死為亡。孝子不忍死其親，但疑親之出亡耳，故喪篆从哭、亡。亦叚為有無之無，雙聲相借也。」今河南方言諱稱小孩死亡為「丟了」，機軸一也。

乍 zhà　止也。一曰：亡也。从亡，从一。〔徐鍇曰：出亡，得一則止，暫止也。〕〔鋤駕切〕

【注釋】

常用義有剛剛、開始也，如「初來乍到」。有突然也，如「銀瓶乍破水漿迸」，「乍暖還寒」，猶忽冷忽熱也。暫、乍一聲之轉，故暫也有此二義。又有張開義，如「乍開翅膀」，本字當是「奓」。

望 wàng　出亡在外，望其還也。从亡，朢省聲。〔巫放切〕

【注釋】

段注：「按望以朢為聲，朢以望為義，其為二字較然也，而今多亂之。」

徐灝《說文解字注箋》：「望、朢實本一字，《玉篇》有㞷，即古瞻望字。」商承祚《說文中之古文考》：「象人登高舉目遠矚，從月，月遠望而可見意也，《說文》誤以臣為君臣之臣。」

常用義有埋怨、責怪，《史記》：「商君相秦十年，宗室貴戚多怨望者。」有探訪義，今有「拜望」。又有向義，今有「望東而行」。意也，《廣雅》：「望，意也。」今有「喜出望外。」古代祭祀山川謂之望，因望山川而祭也，《尚書》：「望於山川，遍於群神。」

𣠮 wú（無、无）　　亡也。从亡，𣞤聲。〔武扶切〕 奇字無，通於元者。王育說，天屈西北為無。

【注釋】

《說文》：「𣞤，豐也。」此蕪之本字也，隸變作無。𣠮從𣞤聲，𣠮隸變亦作無，導致二字隸變字形同。今簡化字无者，乃源自古文奇字也。

段注：「𣠮，此有無字之正體，而俗作無。無乃𣞤之隸變，𣞤之訓豐也，與無義正相反。然則隸變之時，昧於亡為其義，𣞤為其聲，有聲無義，殊為乖繆。其轉語則《水經注》云：『燕人謂無為毛，楊子以曼為無。』今人謂無有為沒有，皆是也。」

蘇東坡請人吃「毳」飯，拆開即「三毛飯」，菜也毛，鹽也毛，飯也毛。廣東話毛就是無，即三無飯，讓朋友餓了肚子。

匃 gài（丐）　　气也。逯安說：亡人為匃。〔古代切〕

【注釋】

今隸變作丐字。气，俗字作乞。從人求曰丐，如「乞丐」；給人亦曰丐，《新唐書》：「沾丐後人多矣。」此正反同辭也。

段注：「气，本雲气，用其聲假借為气求、气與字。俗以气求為入聲，以气與為去聲。匄訓气，亦分二義二音。《通俗文》曰：求願曰匄。則是求之曰气匄，因而與之亦曰气匄也。今人以物與人曰給，其實當用匄字，其字俗作丐，與丏不同，《廣韻》曰：二字同。非是。」

文五　重一

匸部

匸 xì　邪徯，有所俠藏也。从乚，上有一覆之。凡匸之屬皆从匸。讀與徯同。〔胡禮切〕

【注釋】

匸是藏匿義，從其之字多有藏匿義。

區 qū（区）　踦區，藏匿也。从品在匸中。品，眾也。〔豈俱切〕

【注釋】

区乃草書楷化字形。踦區，連綿詞，今崎嶇也，物崎嶇則能藏匿。

段注：「區之義內臧多品，故引申為區域，為區別。古或叚丘字為之，如區蓋亦作丘蓋，區字亦作丘字，是也。或叚為句曲字，如《樂記》：區萌達。即《月令》之『句者畢出，萌者盡達』也。」

常用義是分別，今有「區別」；又域也，今有「區域」連文。「區外」即域外。「區夏」謂中原地區。常「區區」連用，小也，今有「區區之地」；又誠懇也，如「區區之懷」；又謙稱自己，「區區在下」，亦小之謂也。

匿 nì　亡也。从匸，若聲。讀如羊騶箠。〔女力切〕

【注釋】

本義是丟失，今有「亡匿」。常用義是掩藏，如「銷聲匿跡」。

匧 lòu　側逃也。从匸，丙聲。一曰：箕屬。〔臣鉉等曰：丙非聲，義當从內，會意，疑傳寫之誤。〕〔盧候切〕

匽 yǎn　匿也。从匸，晏聲。〔於蹇切〕

【注釋】

「偃旗息鼓」之本字也。匽者，匿也。匿，收也，藏也。偃者，停息也，如「偃武修文」。戢有收藏義，亦有停息義。同步引申也。

医 yī　盛弓弩矢器也。从匸，从矢。《國語》曰：兵不解医。〔於計切〕

【注釋】

此翳蔽之初文也。今作為醫生之簡化字，省旁俗字也。

段注：「今《國語》作翳，假借字。韋曰：翳所以蔽兵也。按古翳隱、翳薈字皆當於医義引申，不當借華蓋字也，翳行而医廢矣。」

匹 pǐ　四丈也。从八、匚。八揲一匹，八亦聲。〔普吉切〕

【注釋】

本義是四丈。

一匹布從兩頭往中間卷，故一匹有二端，故一匹布也叫一兩布。古代的「束帛」即有五個匹組成，下三上二，捆在一起作為禮品。引申有匹配、雙義，故匹有配偶義。又有單獨義，今有「單槍匹馬」。正反同辭也。重其一端則為單，重其二端則為偶也。

段注：「《雜記》曰：納幣一束，束五兩，兩五尋。鄭曰：納幣謂昏禮納徵也。十個為束，貴成數，兩兩合其卷，是謂五兩。八尺曰尋，五兩，兩五尋，則每卷二丈也，合之則四十尺，今謂之匹，猶匹偶之云與。

《周禮》：凡嫁子、娶妻，幣紂帛無過五兩。鄭曰：五兩，十端也，每端二丈。按二丈為一端，二端為兩，每兩為一匹，長四丈，五兩則五匹為一束也。凡古言束帛者，皆此制。

凡言匹敵、匹耦者，皆於二端成兩取意。凡言匹夫、匹婦者，於一兩成匹取意。兩而成匹，判合之理也，雖其半亦得云匹也。馬稱匹者，亦以一牝一牡離之而云匹，猶人言匹夫也。」

文七

匚部

匚 fāng　受物之器。象形。凡匚之屬皆从匚。讀若方。〔府良切〕 籀文匚。

【注釋】

從匚之字多與器皿有關。高鴻縉《中國字例》：「匚為竹器，器形長方，周淺，古亦假為方。」今「方圓」之本字也。

段注：「文如此作者，橫視之耳。直者其底，橫者其四圍，右其口也。《廣韻》曰：

或曰受一斗曰匚。按《口部》云：匚，本無正字，故自古假方為之。」據段注，「讀若方」，乃用讀若破假借之例。

匠 jiàng　　木工也。从匚，从斤。斤，所以作器也。〔疾亮切〕

【注釋】

本義是木匠。故從斤，斤者，斧鋳也。「匠石運斤成風」者，非石匠也，乃是名石的木匠。

段注：「工者，巧飭也。百工皆稱工、稱匠，獨舉木工者，其字从斤也。以木工之稱引申為凡工之稱也。」又巧妙、靈巧謂之匠，今有「獨具匠心」。

匧 qiè（篋）　　藏也。从匚，夾聲。匧，或从竹。〔苦叶切〕

【注釋】

今通行重文篋，箱子也。「書篋」，書箱也。愜從此聲。

匡 kuāng（筐）　　飲器，筥也。从匚，㞷聲。匡，或从竹。〔去王切〕

【注釋】

本義是竹筐。匡、筐本一字之異體，後分別異用。

匡常用義是輔助，如「趙匡胤」者，輔助其後代也。糾正也，如《匡謬正俗》。弼亦有此二義，同步引申也。匡又引申為正、端正義，《莊子》：「匡坐而弦。」

段注：「匡不專於盛飯，故《詩》采卷耳以頃匡、求桑以懿匡。匡之引申叚借為匡正，《小雅》：王于出征，以匡王國。傳曰：匡，正也。蓋正其不正為匡，凡小不平曰匡剌，革其匡剌亦曰匡也。《詩》有頃匡，謂匡之半淺半深不平者，故謂之頃，所謂匡剌也。今人亦分匡、筐為二義。」

匜 yí　　似羹魁，柄中有道，可以注水。从匚，也聲。〔移爾切〕

【注釋】

見「也」「盤」字注。《左傳》：「奉匜沃盥。」杜注：「匜，沃盥器也。」

段注：「匜之狀似羹勺，亦所以挹取也。其器有勺（即大肚子部分），可以盛水盛酒。其柄空中，可使勺中水酒自柄中流出，注於盥盤及飲器也。《左傳》：奉匜沃盥。杜曰：匜，沃盥器也。此注水之匜也。《內則》：敦牟卮匜，非餕莫敢用。鄭曰：卮匜，酒漿器。此注酒之匜也。」

匴 suǎn　　淥米籔也。从匚，算聲。〔穌管切〕

贛 gòng　　小桮也。从匚，贛聲。 贛，或从木。〔古送切〕

【注釋】

今常「杯贛」連用。《廣雅》：「贛，杯也。」

匪 fěi　　器，似竹筐。从匚，非聲。《逸周書》曰：實玄黃於匪。〔非尾切〕

【注釋】

連篆為讀。本義是竹筐，借作否定詞，如「匪夷所思」，加竹作篚。

王筠《句讀》：「《竹部》：篚，車笭也（車輿四周縱橫交結的竹木條）。蓋匪似車笭，故篚字从匪，經典即借篚為匪，殆借匪為非既久，而車笭之義無用，遂迷失其本來耳。」

「匪人」謂非自己親近的人，《周易》：「比之匪人，不亦傷乎。」常指行為不正的人，今之土匪義當從此引申，但古代的「匪」字不當土匪講。又作遠指代詞，猶彼也，《詩經》：「匪風發兮，匪車偈兮。」匪、彼古音同，一語之轉也。

段注：「應劭曰：『棐，竹器也。方曰箱，隋曰棐。』隋者，方而長也，他果反。古盛幣帛必以匪，匪、篚古今字。

有借匪為斐者，如《詩》：有匪君子，是也。有借為分者，《周禮》：匪頒，鄭司農云：匪，分也。有借為非者，如《詩》：我心匪鑒、我心匪石。有借為彼者，如《左傳》引《詩》：如匪行邁謀。杜曰：匪，彼也。《荀子》引『匪交匪舒』，即《詩》：彼交匪紓，是也。按《竹部》曰：篚，車笭也。非匪之異體，故不錄於此。」

匫 cāng　　古器也。从匚，倉聲。〔七岡切〕

匬 tiáo　　田器也。从匚，攸聲。〔徒聊切〕

【注釋】

本義是除草的工具，一種竹器。或作「莜」，《論語》有「荷莜丈人」。

匴 yì　田器也。从匚，異聲。〔與職切〕

𠥻 hū　古器也。从匚，曶聲。〔呼骨切〕

匬 yǔ　甌，器也。从匚，俞聲。〔度侯切〕

匱 guì　匣也。从匚，貴聲。〔求位切〕

【注釋】

匱之本義是匣子，又表匱乏義，故另造櫃，櫃今簡化字作柜，另造之俗字也。

段注：「凡物湥藏之則有若無、實若虛，故匱之引申為竭，為乏。俗作櫃，《史記》：石室金鐀，字作鐀。」

匵 dú（櫝）　匱也。从匚，賣聲。〔徒谷切〕

【注釋】

今俗作櫝，匣子也，成語有「買櫝還珠」。引申有棺材義，《左傳》：「馬塹而死，公將為之櫝。」今河南方言小棺材謂之匣，同步引申也。

段注：「《木部》曰：櫝，匱也。是則匵與櫝音義皆同，實一物也。《論語》曰：韞匵而藏諸。又曰：龜玉毀櫝中。其實一字也，引申之亦為小棺。」今簡化字廢匵留櫝。

匣 xiá　匱也。从匚，甲聲。〔胡甲切〕

【注釋】

見上「匵」字注。段注：「《廣韻》曰：箱，匣也。古亦借柙為之。柙，檻也。」

匯 huì（汇）　器也。从匚，淮聲。〔胡罪切〕

【注釋】

本義是一種筐子。俗字作汇，匯有一俗字作滙，省隹則成今之汇。本義是器皿，引申為匯聚義。見前「彙」字注。

段注：「今按匯之言圍也，大澤外必有陂圍之，如器之圍物。古人說淮水曰：淮，圍也。匯从淮，則亦圍也。《尚書》：東匯澤為彭蠡。謂東有圍受眾水之彭蠡，非謂漢水回而成澤也。」

柩 jiù　　棺也。从匚，从木，久聲。 籒文柩。〔巨救切〕

【注釋】

指裝著屍體的棺材，今有「靈柩」。

段注：「《曲禮》曰：在床曰屍，在棺曰柩。是棺、柩義別，虛者為棺，實者為柩，析言之也。柩或可呼稱棺，棺不可以呼柩，是以許於柩曰棺也，於棺下不云柩也，以立文不得用考、老之例也。《檀弓》曰：有虞氏瓦棺，夏后氏堲周，殷人棺槨，周人牆置翣。瓦棺、堲周皆以土不以木。《易》曰：後世聖人易之以棺槨。」

匰 dān　　宗廟盛主器也。《周禮》曰：祭祀共匰主。从匚，單聲。〔都寒切〕

【注釋】

主，神主也，即牌位。宗廟安放神主的器具謂之匰，殆石室之類。又指小筐，《廣雅》：「匰，筥也。」

清俞正燮《癸巳類稿 · 論語社主》：「《郊特牲》言：太社必受霜露風雨，以達天地之氣。故藏社主於壇中石匰，後世埋石不為匰，號之為主，而謂木主為神牌。」

文十九 重五

曲部

曲 qū　　象器曲受物之形。或說：曲，蠶薄也。凡曲之屬皆从曲。〔丘玉切〕 古文曲。

【注釋】

段注：「匚象方器受物之形，側視之。曲象圜其中受物之形，正視之。引申之為凡委曲之稱，不直曰曲。《詩》曰：亂我心曲。箋云：心曲，心之委曲也。又樂章為曲，謂音宛曲而成章也。《毛詩》傳曰：曲合樂曰歌，徒歌曰謠。《韓詩》曰：有章曲曰歌，無章曲曰謠。」

引申有局部、不全義，《荀子》：「蔽於一曲，暗於大理。」彎曲的地方謂之曲，如「河曲」。今曲子亦得名於彎曲，謂調子高下有錯也。偏僻的地方亦謂之曲，如「鄉曲」。「曲士多辯」謂孤陋之士愛辯論也。

引申為偏邪、不正，《韓非子》：「能去私曲，就公法者，則民安。」曲有詳盡義，今有「曲盡其妙」，《禮記》有「曲禮」篇，曲，盡也。「蠶薄也」者，蠶席子也。其字俗作苖，又作笛。

豊 qū　　骫曲也。从曲，玉聲。〔丘玉切〕

【注釋】

段注：「今人用委曲字，古用骫豊。」骫，同「委」。

𤮼 tāo　　古器也。从曲，舀聲。〔土刀切〕

文三　重一

甾部

甾 zī　　東楚名缶曰甾。象形。凡甾之屬皆从甾。〔側詞切〕 古文。

【注釋】

段注：「缶既象形矣，甾復象形，實一物而語言不同，且實一字而書法少異耳。《玉篇》作甶近之，若《廣韻》謂即《艸部》之𦯧字，風馬牛不相及也。𦯧上从一雝川，此象缶之頸少殺，安得云同字。今隸當作甾。」

典籍中常作為災字，如「甾民」「甾害」等。《集韻》以「甾」為「菑」之異體，故甾也有初耕一年的土地義。菑有災害義，故甾也有。王國維《釋由》認為《說文》之甾字即由字。

𤰈 chā　　斛也，古田器也。从甾，疌聲。〔楚洽切〕

【注釋】

𤰈即農具鐵鍬也。斛又同「鍬」。

古代製斛，算來一尺見方，容十斗，但製斛時須加九釐五毫，這樣才能實容十斗，斛就是製斛超過方尺的部分。

段注：「斛者，斛旁有庣也。甶之類，故其字从甶。古田器也，此上當有『一曰』

二字。𣂁下亦引《爾雅》：𣂁謂之疀。古田器也，此別一義，叚𣂁疀為銚臿也。許書《金部》作銚臿，乃其正字。今之鍬也。」

畚 bĕn（畚）　　**𠱮屬，蒲器也，所以盛種。从甾，弁聲。〔布忖切〕**

【注釋】

今隸省作畚，草筐、簸箕類的撮土器具。《愚公移山》：「箕畚運於隱土之北。」

𠱮 píng　　**𠁁也。从甾，并聲。杜林以為竹筥，楊雄以為蒲器。讀若軿。〔薄經切〕**

𠨪 lú　　**𦉥也。从甾，虍聲。讀若盧同。 篆文𠨪。 籒文𠨪。〔洛乎切〕**

【注釋】

盧從𠨪聲。

今按：𠨪是盧之初文，後加皿作盧，故《說文》訓盧為「飯器也」。𣞲、罏則為盧之增旁字，即累增偏旁之累增字也。𠨪為古文，後之篆、籒不避繁冗也。

段注：「按𠨪與𣞲二體必當互易，淺人所改也。𠨪必古文，故盧以為聲。且二字皆从甶，無庸用先古後篆之例。故二體當互易，而𠨪下應曰古文。」段注所言甚是。

文五　重三

瓦部

瓦 wă　　**土器已燒之總名。象形。凡瓦之屬皆从瓦。〔五寡切〕**

【注釋】

凡燒製的陶器都可叫瓦。後用陶作總名，瓦才指屋瓦。如「瓦盆」「瓦器」「瓦罐」。「弄瓦之喜」，瓦乃紡錘也，非瓦片明矣。今僅指屋頂的瓦片。

段注：「凡土器未燒之素皆謂之坯，已燒皆謂之瓦。《毛詩・斯干》傳曰：瓦，紡專也。此瓦中之一也。《古史考》曰：夏時昆吾氏作瓦。按有虞氏上陶，瓦之不起於夏時可知也。」有虞氏即舜，擅長製陶器，電視劇《大舜》中有此情節。

瓬 fǎng　　《周禮》搏埴之工也。从瓦，方聲。讀若抵破之抵。〔臣鉉等曰：抵音瓦，非聲，未詳。〕〔分兩切〕

甄 zhēn　　匋也。从瓦，垔聲。〔居延切〕

【注釋】

本義是製作陶器的轉輪。

泛指製作陶器，「甄者」謂製作陶器的人。引申為培養造就，常「甄陶」連用，培養造就也。今有「甄別」「甄拔人才」。甄，鑒也、審察也。又有勉勵表揚義，今有「甄表」「甄沐」。又軍隊的左右兩翼謂之甄，如「左甄」「右甄」「雙甄」。「甄甄」謂鳥振翅飛貌。

段注：「舜陶甄河濱，其引申之義為察也，勉也。」

甍 méng　　屋棟也。从瓦，夢省聲。〔莫耕切〕〔徐鍇曰：所以承瓦，故从瓦。〕

【注釋】

屋棟者，屋脊也，如「碧瓦飛甍」，《滕王閣序》：「披繡闥，俯雕甍。」

段注：「棟者，極也，屋之高處也。棟自屋中言之，故从木。甍自屋表言之，故从瓦。《爾雅》《方言》謂之甑者，屋極為分水之脊，雨水各从高霤瓦而下也。《釋名》曰：甍，蒙也。在上覆蒙屋也。」

甑 zèng　　甗也。从瓦，曾聲。〔子孕切〕 籀文甑，从弼。

【注釋】

蒸鍋的上層。相當於後世的蒸籠或籠屜，多為陶製，也有少數金屬製，使用時，要與釜鬲相配。今化學上蒸餾或使物體分解用的器皿叫「曲頸甑」。

段注：「甑所以炊烝米為飯者，其底七穿（孔），故必以箅蔽甑底，而加米於上。」

甗 yǎn　　甑也。一曰：穿也。从瓦，鬳聲。讀若言。〔魚蹇切〕

【注釋】

蒸鍋也。上下兩層，由上部無底的甑與下部無耳的鬲相結合的蒸鍋，二者相連處設隔架，即有孔的銅片或竹架。甑形大於鬲形，所謂「上大下小」也。甗主要用於上古。

段注：「鄭司農云：甗，無底甑。無底，即所謂一穿。蓋甑七穿而小，甗一穿而大，一穿而大則無底矣。甑下曰：甗也。渾言之。此曰：甑也，一穿。析言之。渾言見甗亦呼甑，析言見甑非止一穿，參差互見，使文義相足，此許訓詁之一例也。」

瓵 yí　　甌瓿謂之瓵。从瓦，台聲。〔與之切〕

【注釋】

小瓦盆也，受一斗六升。

甞 dàng　　大盆也。从瓦，尚聲。〔丁浪切〕

【注釋】

段注：「盆者，盎也。甞其大者也。」

從尚之字、之音多有高大義，如堂（高大的房子）、敞（高土可以遠望）、徜（安閑自在）等。

甌 ōu　　小盆也。从瓦，區聲。〔烏侯切〕

【注釋】

本義是小盆，常「金甌」連用。

金甌者，金屬酒器也，以喻國土。毛澤東詞：「收拾金甌一片，分田分地真忙。」「金甌無缺」者，謂國土完整也。小說有《金甌缺》，講述北宋滅亡之舊事也。溫州市別稱甌。

區聲，聲兼義也，區有小義，今「區區」者，小也。又指杯子，如「茶甌」。「甌窶」謂狹小的高地。

段注：「《方言》：甇甂謂之盎。自關而西或謂之盆，或謂之盎，其小者謂之升甌。」

瓮 wèng（甕）　　罌也。从瓦，公聲。〔烏貢切〕

【注釋】

陶製盛器，小口大腹，或用來汲水。今水缸稱甕，非一物也。「甕城」謂圍繞在城門外的小城。瓮，俗作甕。

段注：「罌者，缶也。缶者，小口罌也。然則甕者，罌之大口者也。《方言》曰：甀、甕、甈甊，罌也。自關而西，晉之舊都河汾之間其大者謂之甀，其中者謂之甈甊。自關而東趙魏之郊謂之甕，或謂之罃。罃即罌字。」

瓨 gāng（缸）　**似罌，長頸，受十升。讀若洪。从瓦，工聲。〔古雙切〕**

【注釋】

今作「缸」字之異體，見前「缸」字注。

段注：「《史》《漢·貨殖傳》皆曰：醯醬千瓨。按醯醬者，今之醋也，別於下文之醬。升當作斗，《漢書》注：古本有作斗者。按《篇》《韻》皆戶江切。字亦作缸。」

瓮 wǎn（碗、椀）　**小盂也。从瓦，夗聲。〔臣鉉等曰：今俗別作椀，非是。〕〔烏管切〕**

【注釋】

古代的碗是裝水用的盆子，非今之盛飯用具也，先秦飯蒸好後移入簠簋中，手抓入口，不用碗筷。

段注：「盂者，飲器也。《方言》曰：盂，宋楚魏之間或謂之盌。《方言》作盌，俗作椀。」

瓴 líng　**甕似瓶也。从瓦，令聲。〔郎丁切〕**

【注釋】

古代一種盛水的瓶子。今有「高屋建瓴」，謂從房頂上往下瀉水，喻居高臨下也。

段注：「罋也，似缾者。罋，大徐甕，蓋非。《高祖本紀》曰：譬猶居高屋建瓴水。如淳曰：瓴，盛水瓶也。居高屋之上而幡瓴水，言其向之勢易也。晉灼曰：許慎云：瓴，罋似瓶者也。按《缶部》云：罋，汲瓶也。瓴同物而非罌、甕。」

甈 pí　**罌謂之甈。从瓦，卑聲。〔部迷切〕**

甂 biān　**似小甈，大口而卑，用食。从瓦，扁聲。〔芳連切〕**

【注釋】

盆一類的瓦器，小盆。

段注：「《方言》卷五：甂，陳魏宋楚之間謂之題。郭璞注：今河北人呼小盆為題子。《淮南書》曰：狗彘不擇甂甌而食。《玉篇》曰：小盆大口而卑下。」

瓿 bù　　甂也。从瓦，音聲。〔蒲口切〕

㼸 róng　　器也。从瓦，容聲。〔與封切〕

甓 pì　　瓴甓也。从瓦，辟聲。《詩》曰：中唐有甓。〔扶歷切〕

【注釋】

瓴甓，磚也。「甓塗」謂以磚鋪路。古代的磚最早用來鋪路、砌井，蓋房子是後來的事。

甃 zhòu　　井壁也。从瓦，秋聲。〔側救切〕

【注釋】

又叫井甃，用磚砌井壁。據傳舜發明井甃。引申出用磚砌義，又有井義。段注：「井壁者，謂用磚為井垣也。」

井壁的發明在人類生活史中是大事，井水比河水清潔，井水的飲用減少了人類的疾病，故磚最早是用來砌井的。《周易・井卦》：「甃无咎。」孔穎達疏：「以磚壘井曰甃。以磚壘井，修井之坯，謂之為甃。」

甈 qì　　康瓠，破罌。从瓦，臬聲。〔魚例切〕 甈，或从埶。

【注釋】

康瓠，空壺也。甈即破瓦壺，引申破裂義。

段注：「康之言空也，瓠之言壺也。空壺謂破罌也，罌已破矣，無所用之，空之而已。《釋器》曰：『康瓠謂之甈。』甈之言滯而無用也。《法言》曰：甄陶天下者，其在和乎，剛則甈，柔則坯。此引申之義也。」

甐 chuǎng　　瑳垢瓦石。从瓦，爽聲。〔初兩切〕

【注釋】

用碎瓦石塊等沖刷去垢。

段注：「瑳俗作磋，今依宋本作瑳，亦叚借字耳，其字當用厝。厝，厲石也。《詩》曰：它山之石，可以為厝。用瓦石去垢曰甐。《方言》注曰：漺，錯也。漺與磢同，《海賦》曰：飛澇相磢。《江賦》曰：奔溜之所磢錯。磢即甐。」

甄 liè　　蹈瓦聲。从瓦，㓝聲。〔零帖切〕

【注釋】

瓦破裂的聲音。

瓴 hán　　治橐榦也。从瓦，今聲。〔胡男切〕

【注釋】

古代鼓風器跟冶煉爐相接的通風管。又指有耳的小瓦瓶。

𤮚 suì　　破也。从瓦，卒聲。〔穌對切〕

【注釋】

此「破碎」之本字也。

瓪 bǎn　　敗也。从瓦，反聲。〔布綰切〕

【注釋】

破瓦。又指牝瓦，即仰蓋的瓦，與牡瓦相對。「瓪瓦」同「板瓦」，彎曲程度較小的瓦，片狀的瓦。

段注：「敗瓦也。依小徐有瓦字，今俗所謂瓦瓪，是此字也。今人語如辦之平聲耳。《玉篇》《廣韻》皆曰：瓪，牝瓦也。此今義，非許義。《广部》曰：庋，屋牝瓦也。」

文二十五　重二

瓷 cí　　瓦器。从瓦，次聲。〔疾資切〕

瓻 chī　　酒器。从瓦，稀省聲。〔丑脂切〕

【注釋】

陶製的酒壺。

「稀」字段注：「許書無希字，而希聲字多有，與由聲字正同，不得云無希字、由字也。許時奪之，今不得其說解耳。」

文二 新附

弓部

弓 gōng　　以近窮遠。象形。古者揮作弓。《周禮》六弓：王弓、弧弓，以射甲革甚質；夾弓、庾弓，以射干侯鳥獸；唐弓、大弓，以授學射者。凡弓之屬皆从弓。〔居戎切〕

【注釋】

又指古代丈量地畝的器具，似大的圓規形。又指計量單位，如「多少弓」。

弴 dūn　　畫弓也。从弓，享聲。〔都昆切〕

【注釋】

皇帝用的漆成紅色的弓。

段注：「《大雅》：敦弓既堅。傳曰：敦弓，畫弓也。天子畫弓。按《荀卿子》：天子雕弓，諸侯彤弓，大夫黑弓，禮也。凡經傳言雕有謂刻鏤者，如玉謂之雕、金謂之鏤、《禮記》：玉豆雕篹、《論語》：朽木不可雕，是也。有謂繪畫者，如此雕弓是也。古繪畫與刻畫無二字。弴與雕語之轉，敦弓者，弴之叚借字。《詩》《禮》又叚追為之。」

弭 mǐ　　弓無緣，可以解轡紛者。从弓，耳聲。〔綿婢切〕 弭，或从兒。

【注釋】

緣者，用絲線纏繞，再塗以漆。弭是只用骨角鑲嵌的弓，又指弓末兩端向外彎曲處。

常用義是止息，如「水患消弭」。引申出安撫、安定義，《史記》：「治國家而弭人民。」引申有順服、服從義，今有「望風弭從」。今有「弭謗」，《說文》：「侎，厲也。一曰：止也。」此當是「弭謗」之本字也。段注輒轉引申，恐非達解。或「一曰：止也」乃後人所加，則段注是。

段注：「《釋器》曰：弓有緣者謂之弓，無緣者謂之弭。孫云：緣謂繳束而漆之。弭謂不以繳束，骨飾兩頭者也。《小雅》：象弭魚服。傳曰：象弭，弓反末也，所以解紛者。箋云：弓反末，彆者，以象骨為之，以助御者解轡紛，宜骨也。弭可以解紛，故引申之訓止，凡云弭兵、弭亂者是也。」

弲  xuān　角弓也，洛陽名弩曰弲。从弓，肙聲。〔烏玄切〕

【注釋】

鑲角的弓。

弧 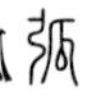 hú　木弓也。从弓，瓜聲。一曰：往體寡，來體多曰弧。〔戶吳切〕

【注釋】

只用木，不縛角。今泛指弓，如「弧矢」，弓箭也。弧可彎曲，又作彎曲義，如「弧形」。又作動詞彎曲、扭曲義，《七諫》：「正法弧而不公。」

段注：「按木弓，謂弓之不傅以角者也。弓有專用木不傅角者，後世聖人初造弓矢之遺法也，引申之為凡彎曲之稱。」

弨  chāo　弓反也。从弓，召聲。《詩》曰：彤弓弨兮。〔尺招切〕

【注釋】

鬆弛弓弦，使弓反直。清人有盧文弨。

段注：「《小雅》：彤弓弨兮。傳曰：弨，弛皃。弛者，弓解也。弓反者，《詩》所云：翩其反也。弓反為弨之本義，弛之則亦反矣。」

彏  quán　弓曲也。从弓，雚聲。〔九院切〕

【注釋】

從雚之字、之音多有彎曲義，如觼（揮角貌）；權輿，也作「蘿蕍」，草出生彎曲貌；拳、卷等。

段注：「陸德明云：《說文》音權，然則與拳曲音義略同。《爾雅》曰：菼薍，其萌蘿。陸云：『本或作彏，非。彏，《說文》云：弓曲也。』按偏旁多後人所加。作彏者，正是古本艸初生句曲也。」

彄 kōu　弓弩耑，弦所居也。从弓，區聲。〔恪侯切〕

【注釋】

小徐本「耑」作「端」，小徐多俗字。

弓弩兩端繫弦的地方，如「桑弰其末刻鍥，以受弦彄」。又環子、戒指一類的東西，如「環彄」「指彄」。

段注：「兩頭隱弦處曰彄，亦引申他用，《詩》箋云：韘所以彄沓手指。」

繇 yáo　弓便利也。从弓，䌛聲。讀若燒。〔弋招切〕

張 zhāng　施弓弦也。从弓，長聲。〔陟良切〕

【注釋】

本義是把弓弦安裝在弓上。

弓在不用時要把弓弦解下來，故「弛」解作「弓解也」，「弨」解作「弓反也」。給樂器上弦也叫張，今有「改弦更張」。由安裝弓弦引申出開弓義，李白詩：「挾矢不敢張。」《老子》：「天之道，猶張弓歟？」河南有張弓酒。張即開也，今有「開張」。

引申誇大義，今有「虛張聲勢」；「張皇」謂擴大也，又謂慌忙失措也。引申陳設鋪排義，今有「張燈結綵」；引申有看義，今有「東張西望」；又有設網捕捉義，今有「張羅」。羅亦有陳列、設網捕捉義，同步引申也。

段注：「張弛，本謂弓施弦解弦，引申為凡作輟之稱。《禮記》曰：張而不弛，文武弗能也。弛而不張，文武弗為也。一張一弛，文武之道也。」

彏 jué　弓急張也。从弓，矍聲。〔許縛切〕

【注釋】

《廣韻》：「弓弦急皃。」急張弓，《漢書·揚雄傳上》：「掉犇星之流旃，彏天狼之威弧。」顏師古注：「彏，急張也。」

弸 péng　弓彊貌。从弓，朋聲。〔父耕切〕

【注釋】

弓彊的樣子。又有充滿義。

彊 qiáng（強）　　弓有力也。从弓，畺聲。〔巨良切〕

【注釋】

本義是弓有力。

段注：「引申為凡有力之稱，又假為㢟迫之㢟。」《說文》：「㢟，迫也。」段注：「㢟與彊義別。彊者，有力。㢟者，以力相迫也。凡云勉㢟者，當用此字。今則用強、彊而㢟廢矣。」

《說文》：「強，蚚也。」段注：「假借為彊弱之彊。」「強」的本義是米中的小黑蟲，強很早就借為彊。今簡化漢字彊、強歸併為一。從畺之字多有大義，如疆、韁、鯨（鱷）等。

彊（強）引申有多、餘義，《木蘭詩》：「賞賜百千強。」今有「三分之二強」「五分之一弱」，強、弱即多少之謂也。引申有努力、盡力義，《爾雅》：「強，勉也。」《戰國策》：「太后不肯，大臣強諫。」勉、強都是努力義，與今「勉強」義別。

「強禦」謂強梁禦善也，即強暴也。《詩經》：「不侮矜寡，不畏彊禦。」「強梁」謂兇暴強橫，《紅樓夢》：「訓有方，保不定日後作強梁。」今河南方言仍有該詞，謂強勢也，如「他可強梁了」。

彎 wān　　持弓關矢也。从弓，䜌聲。〔烏關切〕

【注釋】

本義是把弓拉彎。關者，貫也，把矢扣在弦上。弯乃草書楷化字形。

段注：「凡兩相交曰關。如以木橫持兩扉也，矢桰檃於弦，而鏑出弓背外，是兩端相交也。《孟子》曰：越人關弓而射之。《左傳》：將注，豹則關矣。皆謂引弓將滿，是之謂彎，或叚貫為關。」

引 yǐn　　開弓也。从弓、丨。〔臣鉉等曰：象引弓之形。〕〔余忍切〕

【注釋】

本義是把弓拉開。

段注：「施弦於弓曰張，鉤弦使滿，以竟矢之長亦曰張，是謂之引。凡延長之稱，開導之稱皆引申於此。《小雅·楚茨》《大雅·召旻》毛傳皆曰：引，長也。」

引者，拉也，伸也，故有「引吭高歌」「引領西望」「引申」。拉弓弓弦必後退，故引申出後退義，如「引退」。拉則長，故有長義，《爾雅》：「引，長也。」

又有陳述義，《爾雅》：「引，陳也。」樂府詩體謂之引，得名於陳述，如《箜篌引》。序謂之引，王勃《滕王閣序》：「恭疏短引。」蘇軾的爺爺名蘇序，為避家諱，蘇軾為人作序，以「敘」或「引」代之。敘、引皆陳述義，《爾雅》：「豫、臚，敘也。」古代的序言在文後，不似後代序在文前，如《說文·序》即在《說文》末尾。

弙wū　　滿弓有所鄉也。从弓，于聲。〔哀都切〕

【注釋】

拉滿弓對準目標，引申有引拉義。

段注：「鄉今向字，漢人無用向者。《廣雅》曰：弙，張也。《大荒南經》：有人方扜弓射黃蛇。郭曰：『扜，挽也。音紆。』按此叚扜為弙也，弙與彎雙聲。」

弘hóng　　弓聲也。从弓，厶聲。厶，古文肱字。〔胡肱切〕

【注釋】

本義是拉弓的聲音大，引申為宏大義。《爾雅》：「弘，大也。」今有「弘願」。引申擴充、光大，今有「恢弘」。

段注：「《集韻》曰：㢪弦，弓聲也。或作彋，按弦、彋皆即此篆也。是則弓聲之義引申為他聲，經傳多假此篆為宏大字，宏者屋深，故《爾雅》曰：宏，大也。」

甲骨文作，于省吾《甲骨文字釋林》：「甲文在弓背隆起處加一斜畫以為標誌，於六書為指事，而《說文》誤以為聲符。弓背隆起處是弓最強有力的部分，故弘之本義為高、為大。」此亦「附畫因聲指事字」之一例。

㢸xǐ　　弛弓也。从弓，璽聲。〔斯氏切〕

【注釋】

今音 mí，彌從此省，見「镾」字注。

彌有長久義，如「曠日彌久」；有滿、遍義，如「彌天大謊」；又有終義，今有「彌留之際」。

段注：「弛弓者，㢸之義。㢸非弛字也，《玉篇》以為今之彌字，《廣韻》以為玉名，皆非是。」

弛chí　　弓解也。从弓，从也。〔施氏切〕弛，或从虒。

【注釋】

本義是把弓弦從弓上解下來。見前「張」字注。

引申為鬆弛，引申延緩義，今有「弛延」；有解除義，今有「弛禁」；有毀壞義，《國語》：「文公欲弛孟文子之宅。」今有「廢弛」。

弢 tāo　　**弓衣也。从弓，从屮。屮，垂飾，與鼓同意。〔土刀切〕**

【注釋】

裝弓的袋子叫弢，裝箭的袋子叫箙。

《說文》：「韜，劍衣也。」後弢、韜成了異體字。引申為容納義，如「有弢世之量」。又有隱藏義，今有「韜光養晦」，又有「韜晦」。見「韜」字注。

段注：「《左傳》多言弢，《詩》言韔。《秦風》傳曰：韔，弓室也。《鄭風》作鬯，傳曰：鬯弓，弢弓也。然則弢與韔與韣同物，故許皆以弓衣釋之。」

弩 nǔ　　**弓有臂者。《周禮》四弩：夾弩、庾弩、唐弩、大弩。从弓，奴聲。〔奴古切〕**

【注釋】

弓上有象人的手臂一樣的柄，指一種用機械力量射箭的弓，泛指弓，如「弓弩手」「強弓硬弩」。

彀 gòu　　**張弩也。从弓，𡉉聲。〔古候切〕**

【注釋】

本義是張滿弓。

「彀者」謂擅長射箭的人。「彀中」謂弓箭能射的範圍，今作牢籠、圈套講，如「天下英雄皆入我彀中」。「入彀」謂中圈套。又通「夠」，林覺民《與妻書》：「然遍地腥雲，滿街狼犬，稱心快意，幾家能彀？」

彉 guō　　**弩滿也。从弓，黃聲。讀若郭。〔苦郭切〕**

【注釋】

彉、郭同源詞。段注：「滿弩者，張而滿之。或作弩滿，非也。」

彃 bì　射也。从弓，畢聲。《楚辭》曰：芎焉彃日。〔卑吉切〕

【注釋】

射也。

段注：「郭氏《山海經》傳云：《離騷》：羿焉畢日，烏焉落羽。又引《歸藏鄭母經》：昔者羿善射，畢十日，果畢之。按畢即彃字。」

彈 tán　行丸也。从弓，單聲。〔徒案切〕 彈，或从弓持丸。

【注釋】

本義是把彈丸發射出去。

段注：「《左傳》：晉靈公从臺上彈人，而觀其避丸也。引申為凡抨彈、糾彈之稱。」引申批評、抨擊，如「僕常好人譏彈其文，有不善者，即時改定」。引申檢舉，今有「彈劾」。

「彈」可指禽卵，明李實《蜀語》：「禽卵曰彈。彈字見《大明會典》：上林雞、鴨、鵝彈若干。皆用彈字，言卵形之圓如彈也，俗用蛋字，非。」「蛋」字《說文》不收，蓋後起俗字。

發 fā（发）　射發也。从弓，癹聲。〔方伐切〕

【注釋】

本義是發射。

發、髮本二字二義，古不相混，髮是頭髮。今簡化漢字歸併為发，发乃發之草書楷化俗字。

引申開也，「發倉」者，打開倉庫也，今有「開發」。又有興起、產生義，如「舜發於畎畝之中」，今有「發跡」。又表現也，如「徵於色，發於聲」。又開花也，如「春心莫共花爭發」。引申有發放義，今有「分發」。引申出發，如「六軍不發可奈何」。又有派遣義，今有「發兵」「發卒」。

芎 yì　帝嚳射官，夏少康滅之。从弓，幵聲。《論語》曰：芎善射。〔五計切〕

【注釋】

此后羿之本字也。

段注：「芎與羿古蓋同字，而堯時射師彈十日者，高誘云：此堯時羿，非有窮后羿。按今《論語》作羿，羿之訛也。」

今按：羿蓋擅射部落之統稱也。猶彭祖壽八百載，殆謂此部落前後持續了八百載。祝融、昆吾皆此類，非一人之獨稱也。

文二十七 重三

弜部

弜 jiàng　彊也。从二弓。凡弜之屬皆从弜。〔其兩切〕

弼 bì　輔也，重也。从弜，西聲。〔徐鍇曰：西，舌也，非聲。舌柔而弜剛，以柔从剛，輔弼之意。〕〔房密切〕 弼，或如此。 、 並古文弼。

【注釋】

本義是矯正弓弩的器具。引申為糾正，引申為輔佐幫助，「匡」亦有此二義，同步引申也。

孫悟空名「弼馬溫」，是「避馬瘟」的諧音。據傳古養馬者，常在馬圈中拴一猴子，猴性好動，可以防止馬瘟。孫悟空養天馬，得此名非嚮壁虛造，乃民俗觀念使然。

段注：「《士喪禮》注曰：柲，弓檠。弛則縛之於弓裏備損傷，以竹為之，《詩》所謂『竹柲緄縢』。《木部》曰：榜，所以輔弓弩檠榜也。然則曰檠、曰榜、曰柲、曰閉者，竹木為之。曰緪、曰縢者，縛之於弛弓以定其體也。弓必有輔而後正，人亦然，故輔謂之弼。」

文二 重三

弦部

弦 xián（絃）　弓弦也。从弓，象絲軫之形。凡弦之屬皆从弦。〔臣鉉等曰：今別作絃，非是。〕〔胡田切〕

【注釋】

右側象絲軫之形，實古文糸字，見許書「糸」字。

自甲骨文至戰國文字，「弦」從弓、糸，皆為合體象形，與《說文》說解正相吻合。篆文把「糸」與「弓」分離，隸書「糸」訛變為「玄」，「玄」「弦」同音，因此聲化為從弓、玄聲的「弦」，理據重組也。

本義是弓弦。古人性緩則佩弦，性急則佩韋，以起到警示之意。朱自清字佩弦。弦有緊義，本字當作慈，後起本字也。《說文》:「慈，急也。」引申有正直義，《廣雅》:「弦，直也。」

段注:「弓弦以絲為之，張於弓，因之張於琴瑟者亦曰弦，俗別作絃。弦有急意，故董安于性緩，佩弦以自急。《心部》曰：慈，急也。軫者繫弦之處，後人謂琴繫弦者曰軫。」

盭 lì　弼戾也。从弦省，从盩。讀若戾。〔臣鉉等曰：盩者，擊罪人見血也，弼戾之意。〕〔郎計切〕

【注釋】

此「乖戾」之本字也。讀若戾者，許書以讀若破假借也。

段注:「按此乖戾正字，今則戾行而盭廢矣。戾謂犬出戶下而身曲戾，其意略近，故以戾釋盭，《史記》《漢書》多用盭字。許意山曲曰盩，水曲曰厔，扶風有盩厔縣，取此義。是盩有詘曲之意，故此篆从盩，非用引擊之意也。」

玅 yāo　急戾也。从弦省，少聲。〔於霄切〕

【注釋】

玅又為妙的異體字，異體字整理時廢。

段注:「陸機《賦》: 弦幺徽急。疑當作弦玅。按《類篇》曰:『彌笑切，精微也。』則為今之妙字，妙或作玅是也。」

竭 yì　不成遂，急戾也。从弦省，曷聲。讀若瘞葬。〔於罽切〕

【注釋】

辦事不成功而心情急迫。段注:「不成遂者，不成就也，因之急戾是曰竭。《廣韻》作緆。」

文四

系部

系 xì　　**繫也。从糸，厂聲。凡系之屬皆从系。〔胡計切〕** **系，或从毄、處。** **籀文系，从爪、絲。**

【注釋】

本義是捆綁，引申為名詞繩子。系、係、繫之別，見前「係」字注。

段注：「系者，垂統於上而承於下也。系與係可通用，然經傳係多謂束縛，故係下曰：絜束也，其義不同。系之義引申為世系，《周禮·瞽矇》：世帝繫。《小史》：奠繫世。皆謂帝繫《世本》之屬，其字借繫為之，當作系。《大傳》：繫之以姓而弗別。亦系之叚借。」

孫 sūn（孙）　　**子之子曰孫。从子，从系。系，續也。〔思魂切〕**

【注釋】

孙乃草書楷化俗字，參縣之草書。孫有小義，「孫枝」，小枝條也。植物再生的謂之孫，如「稻孫」「孫竹」。

段注：「子卑於父，孫更卑焉，故引申之義為孫順、為孫遁，字本皆作孫，經傳中作遜者皆非古也。孫之言孫遁也，周公孫遁，辟此成功之大美。《書·序》：帝堯將孫於位。亦謂遜遁。此等字今皆俗改為遜，絕非古字古義。惟孫順字《唐書》作愻，見《心部》，而俗亦以遜為之。」

緜 mián（綿）　　**聯微也。从系，从帛。〔武延切〕**

【注釋】

俗字作綿。上古之綿皆絲綿，非棉花也。

段注：「《大雅》：綿綿瓜瓞。傳曰：綿綿，不絕皃。又引申為絲絮之稱，因其㜷弱而名之。如《糸部》絮下云：敝綿也。鄭注《禮記》云：纊，新綿也。又引申為薄弱之稱，如淮南王安《諫伐閩粵》曰：粵人綿力薄材，不能陸戰。」

䌛 yáo（繇）　　**隨从也。从系，䍃聲。〔臣鉉等曰：今俗从䍃。〕〔余招切〕**

【注釋】

俗字作繇。本義是由、跟從。「繇是」，從此也。又假借為傜役、遙遠字。又通「夭」，茂盛也，《尚書》：「草木惟繇。」又音 zhòu，卜辭也，《左傳》：「成風聞成季之繇。」

段注：「《爾雅・釋詁》曰：䌛，道也。《詩》《書》䌛作猷，叚借字。《小雅》：匪大猷是經。《大雅》：遠猷辰告。傳皆曰：猷，道也。《書・大誥》：猷爾多邦。猷亦道也，道路及導引，古同作道，皆隨从之義也。䌛之訛體作繇，亦用為傜役字。傜役者，隨从而為之者也。

由，或䌛字。古䌛、由通用一字也。各本無由篆，全書由聲之字皆無根柢，今補。按《詩》《書》《論語》及他經傳皆用此字，其象形、會意今不可知，或當从田，有路可入也。《韓詩》：橫由其畝。傳曰：東西曰橫，南北曰由。《毛詩》由作从。」

文四 重二